平成ゴルファーの事件簿

KUNIHIKO【西村國彦 著】NISHIMURA

災いは
思いのほか
身近に
潜んでいる……

現代人文社

はじめに

アルバというゴルフ雑誌に書くようになってから
もう4年が過ぎた。
私のゴルフ・ライバルの小田和正氏が
毎年真夏に催す
三日間 72 ホールのプライベート・トーナメント
「デスマッチ」が縁で知り合った、
当時の副編集長・寺澤彰裕君の企画であった。
名付けて「平成ゴルファーの事件簿」。
注文は「誰にでも分かりやすく」
の一言であった。
しかし、いくらカラーで
イラストを入れるからと言っても、
取り上げるのは専門用語と
独特の言い回しがなされる法律的な事件なのだ。

限られたスペースの枠の中で、
ゴルフという魅力あふれるスポーツとは裏腹に
起こってしまう恐ろしくもあり、
また面白くて悲しくもある
「事件」と苦闘する日々であった。
その後、法律相談の形に企画が変わって
今日に至っている。
今般小池書院のご厚意でこれらをまとめて
一冊の本にする企画を、
現代人文社・成澤社長に受けて頂けた。
編集はやはりこの企画の生みの親である
寺澤君が快く引き受けてくれることになった。
難しい司法ものをやさしい言葉で
楽しめる本にするという目標は達成されたか、
不安もないではない。
だが、少しでもお困りのゴルファーの
お役に立てばと思い
出版させていただくことにした。

二〇〇三年七月　著者

平成ゴルファーの事件簿

contents

第1章 会員権が招く多種多様な事件

【まだまだ起こっている Trouble×Problem】

- 会員権を買ったのに会員登録されてなかった？
- 会員権ローンなどの借金を整理したい
- 購入した会員権の募集価格が値下がり納得がいきません！
- 高額会員権がハゲタカの餌食に！

P.20~23

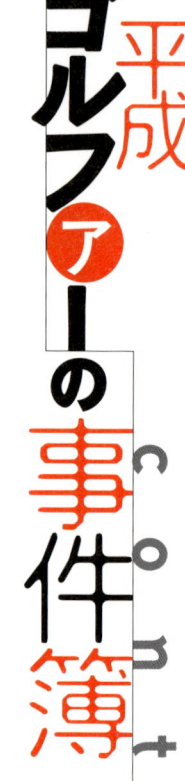

PART 2

PART 3

PART 4 ホームコースに疑問と異論が膨らんで…

第2章 ゴルフ場で起きていた驚きの事件

第3章 プレー中に勃発した不運な事件

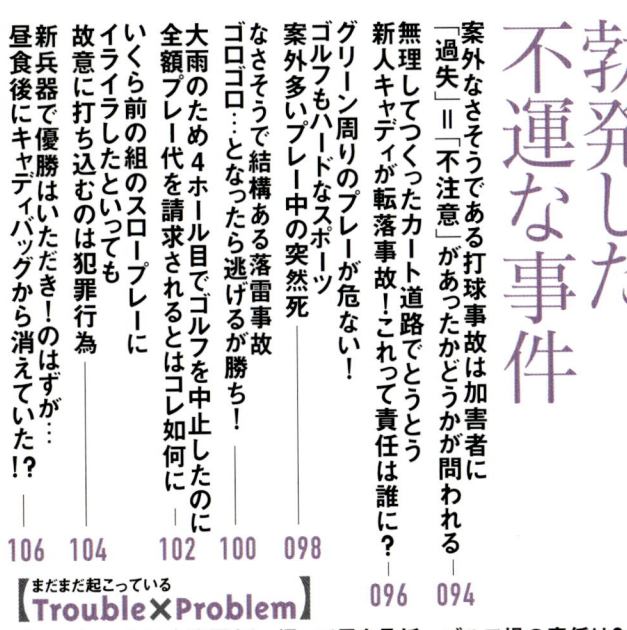

第4章 日常にも潜む意外なゴルフの事件

第5章 損をしないで得をする「賢いゴルフ場交際術」

第6章 「あっ」というときのための弁護士救急マニュアル

第1章 会員権が招く多種多様な事件

大丈夫だよ。きっと。たぶん。…いや、絶対に。
そんな慢心、気の弛みが、
いずれ厄災と形を変えて現れる。

災いは、忘れた頃にやってくる、というわけだ。
いつも、思いがけずに起こる。だから事件。
事前に察知できれば誰でも
回避して事件にはならない。
ゴルフに関する事件・厄災・法律問題で一番多いのは
やはり、ゴルフ場の会員権にまつわるアレコレだ。

PART 1 売買に待ち伏せる

コースによっては未だに数千万円などと、
一般市民には無関係なお値段のモノも未だにあるが、
バブル崩壊とともに、不景気の煽りをうけてか、
随分とお手頃価格になったといえるゴルフ場の会員権。

さまざまな落とし穴

しかし、たとえ数十万円でもけっして安い買い物ではない。

慎重に事を運ばないと、至る所に口を空けている怖い落とし穴に足を取られかねないことも忘れちゃならない。

【事例】

資金繰りに困ったCさんが、友人Aさんのところに、額面2000万円の会員権（預託金据置期間満了日は来年1月）を持って、金策にやってきました。1500万円で、この会員権を買って欲しいというのです。Aさんは知り合いの会員権業者Bに相談したら、来年1月に2000万円はゴルフ場から取れるというので、Aさんは1500万円で買ってしまいました。Aさんは買った会員権を持ってゴルフ場に預託金を返還するよう請求しましたが、ゴルフ場からは資金がないと返還を拒否された上、破産されてしまいました。もちろん会員権業者は知らぬ存ぜぬを決め込んでいます。

【結論】

一流の金融機関ですら預金者が預金解約に殺到すると経営が危なくなる時代です。いいか悪いかは別として、預託金でゴルフ場を作ったのですから、その会員の多数が据置期間満了と同時に退会して返還請求したら、まともにはゴルフ場は返せないことははっきりしています。Aさんは友達の頼みがあったにせよ、会員権業者Bの無責任なアドバイスに従って一儲けしようとしたことで、かえって自からトラブルに巻き込まれてしまいました。
ちなみに最近、最高裁は「社会的、経済的に」正当でない預託金ビジネスは、弁護士法違反と判断しています。

2000万円の預託金据置期間満了間近の会員権をビジネス運用しようとした罠

ここにきてようやくゴルフ会員権も底値を脱出かに思われたが、まだまだ先行きは不透明。バブルの頃の値段には当然ほど遠い。そして、そんな会員権は金券ではないことに注意したい。

うまい話には裏がある　預託金ビジネスには落とし穴がある

先日、新幹線の中で3人のこんな会話が聞こえてきました。

X氏／10年前買った会員権の満期が来年くるので、預託金を返してもらおうと思っていたら、最近ゴルフ場から金がないから返せないと通知がきて、どうしようかと思ってるんだ。

Y氏／今時ゴルフ場に金が残っているわけないじゃないか。あきらめて会員権業者を通じて売るしかないんじゃないか。

X氏／だけど相場がガタ落ちだからね。それに証券に金を返すとはっきり書いてあるじゃないか。

Z氏／だけど10年前買った時、満期で返してもらおうと思っていたのかな。相場が下がってるんでゴルフ場から返してもらいたいという気になったんじゃないかい。高かったら業者に高く売るんだろう。

X氏／まぁ、そうなんだけどね。

Z氏／それにしても会員権は下がり過ぎだな。


XYZ3人の会話は、最近社会問題になっている預託金償還問題のポイントをついた会話です。返せ、返せの一本槍だった裁判所もことの重大さに気付いて少しずつ変わり始めました（一部で5〜10年延長を認める判決が出てます）。多数の会員のプレーする権利を守り、会員の権利を平等に取り扱う必要があるためです。近ごろは会員権業者の活動が少し活発化して、電話セールスが多くなってきたようですが、"会員権"を買いませんかではなく"プレー権"を買いませんかと勧誘してくるそうです。

景気の悪化、会員権相場の大幅な下落といった現象は、俗に総額10兆円ともいわれる預託金償還問題を引き起こしてゴルフ場経営を不安に陥れています。

それがさらに会員権相場を引き下げるという悪循環の中、会員、経営者は右往左往しているのが現状です。こういった状況をむしろビジネスチャンスとばかりに立ち回る人達がいます。冒頭の事例のような預託金ビジネスもその一つです。満期が来たら預託金金額を回収できることを前提とするといったビジネスですが、無用なトラブルを引き起こしたり、巻き込まれたりと危険以外の何物でもありません。うまい話には必ず裏があります。ご注意を！

【事例】

ゴルフ好きのQさんのところに、会員権業者から名義書換料（50万円）込みの55万円でAゴルフクラブの会員権を買わないかという連絡がありました。ちょっと危ない話かなとは思いつつ、Qさんとしては交通の便もよく、とにかく安かったので買ってしまいました。

【結論】

その直後Aゴルフクラブは破産し、Qさんは名義変更もプレーもできなくなりました。当然の成り行きといってもいい事例です。つまりQさんが購入した会員権は、事実上経営破綻したゴルフ場のもので、紙屑同然となっていたものである可能性が極めて高かったものでした。また、そういうゴルフ場だとすると、Qさんが会員権を購入することは、名義書換名目で少しでも多くの現金収入を得ようとするゴルフ場経営者の思惑に結果として力を貸したことになるわけです。事情を知って紙屑になることを覚悟のうえ購入するのであれば、Qさんの自由であると考える方もおられると思いますが、ゴルファーとしては寂しいものがあります。

好条件、しかも超破格値の会員権。これなら無理のない1年ローンで念願のホームコースが手に入るが…

甘いものを食べ過ぎると虫歯や肥満になる。贅沢な食事ばかりだと高コレステロールに。練習・努力をしなけりゃゴルフの腕も上がらない。タダより高い物はない。上手い話には裏がある。

高嶺の花の会員権も安くなったとはいえ極端に安いのは危い

一部のゴルフ場会員権相場が上向き始めているとの話はいつでもありますが、相場全体が以前の相場と比較して何分の1といった状態で低迷していることには変わりありません。

相場が額面割れを起こして預託金償還問題が持ち上がっていたり、来場者数も減っていたりと、どのゴルフ場も経営はアップアップです。

そんな中、会員権業者から特に安い会員権の購入を勧められることがあります。極端に下がった相場価格プラス正規の名義書換料を合わせた金額であったり、正規の名義書換料より安い名義書換料込みの金額であったりします。

こういった会員権については、次のようなことが予想されます。

①経営不安の噂がある。

②経営者サイドが資金繰りのために、違法に会員権を刷り増しして流通させている。

③すでにゴルフ場が競売申立を受けている（この場合、ゴルフ場の土地建物の登記簿謄本を取り寄せれば明らかになります）、あるいは民事再生・会社更生・破産等の申立が行われ、またはその準備がなされている。

ゴルフ場が破産宣告を受けると名義書換停止となり、相場は立たなくなりますが、その一歩手前のゴルフ場という可能性が高いわけです。

ゴルフ場の経営破綻が確実となり、最終的に競売された場合、あるいは破産宣告を受けた場合、Qさんは新経営会社に対して会員としての権利を当然には主張できません。Qさんに対して購入すべきではないと言わざるを得ない第一の理由です。

それでは、Qさんがそういったリスクを承知したうえで購入しようという場合はどうでしょうか。

本人がリスクを承知したうえでなら、本人の自由ではないかというのが一つの答えです。しかし

経営破綻に陥ったゴルフ場では、会員の立場と目先の現金収入確保に走ろうとする経営者側とは、対立関係に立たざるを得ません。そういった状況のところに、Qさんが経営者側の思惑に乗って会員になるようなことは、真のゴルファーとしては余りお勧めできません。

安すぎるとは思った…募集期間が長いとも思った…それで会員数は10倍以上って本当？

【事例】

Aさんは Bゴルフ場（18ホール）の新規募集（限定1千名）会員権を買ってプレーをしようとしましたが、なかなか予約が取れません。よく考えてみると会員権の値段は安すぎるし、募集の期間が長すぎるのです。どう考えても Bゴルフ場には1万人単位の会員が存在しそうな雰囲気がありました。しまったと思ったAさんは早めに決断して裁判を起こしました。

【結論】

Aさんは Bゴルフ場を経営するC社に対し、会員名簿の発行を求めたほか、会員数をだまして行った募集であることを理由に、契約解除して払い込んだ入会金と預託金の返還を求めました。でもC社は裁判所でも会員名簿の公開を拒み続け、会員数を二転三転させながら、ダラダラと募集を続けました。そして、そのうちC社はゴルフ場の営業名義をD社に変えてしまいました。裁判所は、名簿の発行義務の点はともかく、1千人限定募集のところ1万人以上の会員が存在することはC社の債務不履行（約束違反）として、契約の解除を認めました。しかしC社はお金を返すことをせず居直り、営業はD社名義でやっています。

週に1度のクラブライフを楽しむために一生懸命働いて、やっと手に入れたゴルフ会員権。でも週末はいつ電話しても『満員になってます』！これではメンバーになった、意～味な～いジャン!!

メンバーじゃなくビジターとして電話した方が有利!?

裁判所においてはっきりと会員にゴルフ場の会員名簿発行を求める権利を認めたものはありません。

しかし、会員権の中で最も本質的なものは優先的なプレー権（施設利用権）でしょう。とするなら、会員数が余りに多いと会員としてのプレー権が事実上行使しにくくなる恐れがありますので、会員としては、本当の会員数を「知る権利」を持っても良いのではないかと思われます。またどのクラブも会員相互の親睦を目的とする以上、これを明らかにしても良いのではないかとも考えられます。他方、これだけ情報が短時間に広がる現代社会ではプライバシー保護の観点から、名簿に記載されることを嫌う人たちも増えてきました。なにせ名門クラブなどの名簿は、ダイレクトメール用に高く売れる時代のようですから。その意味で裁判所は詐欺的な大量募集（18ホールで1万人を超えるもの）には厳しい判決をしており、他方それほどまでの大量募集でないものについては「ゴルフ場会社の裁量」を比較的緩やかに認めているようです。問題は会員としてのプレーにどの程度支障が出ているかでしょう。会員として予約電話をするといつでも満員で、ビジターとして予約電話をするといつでもスタートが取れるというのは、メンバーシップのゴルフ場としてはまったく変な話ですよね。そのような金儲けゴルフ場はワンサカゴルフ場と呼ばれ、メンバーを大切にしないと非難されたものです。でも最近のようにゴルファーのゴルフ離れが心配されている時勢では、平日にプレーしに来てくれるビジター探しに苦労しているゴルフ場が増えているようですね。

　ところでAさんは、せっかく早めに裁判を起こして勝ったのに、ゴルフ場は判決にしたがってお金を返すどころか、別会社名義で営業していますが、このような話は最近よく耳にします。本当に会員のために営業がなされているのか、それとも地下の資金源が集められているのか、よく観察してそれを見極める必要がありそうです。

「名門」が売りのゴルフ場短期会員募集は是か非か？

名門クラブでプレーするのは気持ちのいいもの。そのために購入した高額の会員権なのに、いつのまにか、割安感のある短期会員を大量に募集。これってあまりにメンバー無視では？

【事例】

Nゴルフクラブは平成になってオープンしたゴルフ場です。「平成の名門」と称して豪華な装いのもと、3000万円を超える高額募集をしましたが、バブル経済崩壊とぶつかり、目標の募集予定会員数に達しませんでした。オープン直後Nゴルフクラブの経営は破綻し、高利金融に手を出したため、金融業者が経営に参加してきました。そして、彼らは大量に短期会員の募集を行なったのです。

【結論】

Nゴルフクラブは、会員数が激増したため雰囲気が悪くなり、お世辞にも名門コースといえないゴルフ場になりました。当初、高額募集で入会した会員は完全に裏切られたわけです。その上、Nゴルフクラブは運営会社を変えるなど、経営悪化の傾向は止まるところがありませんでした。そこで、融資していた金融機関が、これ以上の混乱を防止しゴルフ場の財産の流出を止めるため破産申立をしました。破産宣告によって旧経営者である金融業者は排除され、今はセミ・パブリックの形で破産管財人がつなぎで経営をしながら、新しいスポンサーを探しています。

手軽さが人気の短期会員だが、クラブの雰囲気を壊すことも!?

短期会員とは、よくスポーツクラブで募集しているタイプのものと同様に、1年とか2年の短期間限定で会員扱いをするものです。ゴルフ場の営業不振のためか、最近は結構名のあるゴルフ場にも登場しているようです。その安さ、手軽さが若い人のニーズに合うからでしょうか。それとも、所有する時代から利用する時代への変化に対応するものなのでしょうか。

　これまでゴルフ場の会員権は、どういうわけか、終身または半永久的なものとして募集されてきました。今でこそ10年で退会、返金する・しないで償還問題が起きていますが、本来は会員権が他人に譲渡されても、ゴルフ場側は会員権を発行したらそこにゴルフ場が存在する限り、会員権保有者にプレーをさせる義務を負っているとされてきました。

　しかし、バブルがはじけると、ゴルフ場でお金もうけを考える人たちは、なりふり構わずいろいろな形でお金集めを考えるわけです。短期会員であれば期間を限定しているので、長い目で見ると正式な会員数が増えることもなく会員に迷惑はかからないし、実際にメンバーの利用率はどんどん下がってきているというのがゴルフ場側の言い分のようです。

あちこちのゴルフ場で企画されている友の会など、ビジターのリピーター化が営業の切り札とされてきたことが、短期会員の流行をもたらしたのかもしれません。

　ところで、短期会員制度では、リピーターが割安感をもって繰り返し来場しやすい価格設定をしています。ちなみに適正化法という法律では、50万円以上の会員募集を規制していますが、短期会員はそれより当然安い募集なので、経済産業省の目も届きにくいわけです。本件では、このような募集をしたのが「名門」を売り物にして高額募集したゴルフ場というのですから、節操がないと批判されてもやむを得ないというべきでしょう。破産宣告によって良からぬ人たちが排除されるのは当然といわなくてはなりません。

メールで情報を探っていた会員権。思わぬ行き違いから、勝手に購入されてしまって…

**IT革命という言葉のおかげで今やメール取引は誰にでも極めて身近になってきた
手軽だからってイージーに使ってると、思わぬ問題が…。もちろん、ゴルフ界も例外ではない。**

【事例】

世の中すべてITの方向へ怒濤のように流れ始めたのでしょうか。ゴルフ界も例外ではありません。

会員権業者Nゴルフはホームページを開設し、インターネットでゴルフ会員権取引を呼びかけました。すると1日24時間で1000件を超えるアクセスがあり、そのうち数十件が取引に結びつくようになりました。

ある日、Nゴルフでは500万円の希望購入価格を示した注文とも読めるA氏のメールに従い、A氏の代わりにBカントリーの会員権を市場で確保し、代金を払いました。その後A氏に購入の旨を連絡したところ、A氏は他から450万円で買ったから、もうBカントリーの会員権はいらないと言うのです。

NゴルフはA氏がメールに「500万円でBカントリー」と記入していたことを、同会員権の買い付けの注文であるとして、売買代金500万円と手数料10万円の支払を求める裁判を起こしました。

【結論】

この争いのポイントは、Nゴルフが主張する売買契約が成立したのかどうかという点でした。A氏は「自分の送ったメールは、あくまでも自分が買うとしたらこれくらいの条件のものだが、そのような会員権が市場に出ているか、Nゴルフに打診することを意図していたものだ」と、代理人弁護士をたてて全面的に応訴しました。

しかし、たまたまこの時期、最近には珍しく会員権相場が上昇したため、Nゴルフは持っていたBカントリーの会員権を550万円で売却し、訴えを取り下げてしまいました。相場の好転によって最悪の事態は回避されたのです。

人に会う煩わしさもなく成立する売買契約は書面化するのが一番

Nゴルフでは会員権の注文には、原則として面談か電話で買い主の意思確認をとっていました。しかし、急激にこの種の取引が増えた結果スタッフの体制が整わず、経験の浅い担当者がメールのみで対応したために起こった事件です。

大変便利なネット取引ですが、相場の動きやすい商品の取引では、必ず書面化したもので先方の意思を確認することが必要です。

　このようなことは、従来の電話による相場商品取引でもありました。しかし、ネット取引の場合は顔も見ず、声も聞かない取引なので、一層トラブルが起こりやすいのです。

　本件では幸い値上がりによって最悪の事態は免れました。しかし、値下がりした場合、Nゴルフは苦しくなります。

　A氏はNゴルフから500万円で買うと言ったのではなく、500万円のBカントリー会員権を探して欲しいと仲介的な依頼をしたに過ぎないのです。それなのにNゴルフは、A氏に確認をとることなく、自己資金で転売に近い形で取引しているのが実態です。Nゴルフは、実際には300万円という安値で仕入れているかも知れないのです。

　売主と買主が必ず顔を合わせる不動産取引と異なり、会員権取引の不透明な側面を示すトラブルです。

　会員権は数十万円から数百万円の高い買い物ですから、皆さんも慎重に取引してほしいと思います。

会員権を買ったのに会員登録されてなかった?

事例

私は平成7年にAクラブの
会員権を会員権業者を通して買い、
10回くらいプレーをしました。
その後、平成11年地方への転勤したので
ゴルフ場に住所変更を連絡したところ、
突如会員登録されていないと言われました。
プレーしたいなら追加金を
支払えと要求されています。
こんなことって許されるのでしょうか。

解説

会員として扱った過去がある以上、ゴルフ場側の言い分はおかしいのです。

残念ながら、こんな事がよく起こるところがゴルフ会員権が信用されない理由の１つです。経営状態の良くないゴルフ場にはハゲタカやハイエナのようなグループが集まり、エサとして大量の会員権がばらまかれることがあるようです。ゴルフ場の資金繰りが苦しい時に、このような問題が発生します。理論としては、偽造の会員権は無効なので、会員の権利はないということになりそうです。しかし、過去にゴルフ場側が相談者を会員として扱った事実がある以上、ゴルフ場の無効主張はおかしいと思います。

まだ先例としての判決はありませんが『ゴルフ場側』の関与が証明できる事例では、多少費用と時間がかかっても裁判でゴルフ場の責任を追求するべきです。

まだまだ起こっている

Trouble × Problem

会員権ローンなどの借金を整理したい

事例

私は数年前500万円の会員権ローン付きで
Aゴルフ場の会員権を購入しましたが、
現在競売中で会員権相場はつきません。
このほかにも商工ローンやサラ金で
合計1,500万円の借金が
住宅ローン以外にあります。
住宅ローン支払い中の自宅を
手放さないでこれらの借金を
整理したいのですが……。

解説

2001年4月1日より個人債務者に対する民事再生法が施行されました。

新しい法律の大きな特徴は破産と異なり(1)管財人がつかない(2)主に将来の収入で債務を弁済できる(3)住宅ローンは別枠で処理できるという点です。せっかく手に入れた自宅を手放さずに個人財政の建て直しが可能になったわけです。この手続きは、将来収入が見込める、住宅ローンを除いた債務が3000万円以下の個人なら利用可能です。もしも適用になれば、住宅ローンは原則として全額支払いとなりますが、それ以外の借金は大幅に減額できるというすごい法律です。基準となる借金が1,500万円以上の場合、最低でも300万円は支払う必要がありますし、ケースによってはそれ以上の弁済をしなくてはなりません。この方は将来の収入見込み等の厳しい審査をクリアできれば、住宅ローン以外の借金を5分の1に減らすことができそうです。

まだまだ起こっている

Trouble×Problem

購入した会員権の募集価格が値下がり納得がいきません！

事例

私はAゴルフ場の会員権が売り出された当初、480万円で購入しました。ところが会員権が思ったより売れなかったのか、しばらくしてから380万円に値下げして売り出したようです。そうなると私の持っている会員権の価値が下がるし、納得がいきません。

解説

住宅都市整備公団がマンションを値引き販売したら、同じような訴訟が起きたようです。事情によって判断が分かれるとは思いますが、同様の事件でゴルフ場側の主張が認められた事例があります。

裁判所はゴルフ会員権の価格はその時々の経済状況及びゴルフ場の評価、募集時期など諸般の事情に左右されることは避けられないと判断しました。しかし、縁故、第１次、第２次と募集時期により順次募集金額は上昇する期待があったことは事実で、先に買った会員も納得できないでしょう。

その点を考慮してか、裁判所は、最初の値段で買った人にはゴルフ場が完成するまで同じグループのゴルフ場でメンバー扱いのプレーができ、同伴プレーヤー１人がメンバー料金でプレーできる特典を与えるなど、ゴルフ場側が配慮したことを強調しています。

まだまだ起こっている

Trouble × Problem

高額会員権がハゲタカの餌食に！

事例

私はバブル期に、取引銀行の支店長の強引な勧めにしたがい、2,000万円ものローンを組まされ、有名外国人の設計による豪華ゴルフ場会員権を買いました。最近外資系のファンドがこのゴルフ場をタダみたいな値段で安く買ったのですが、私たちが外資のやり方に反対を表明すると彼らは民事再生をかけてきました。こんなことって許されるのでしょうか

解説

不良債権処理のためと称してハゲタカファンドと呼ばれる外資系ファンドや破綻銀行の受け皿RCC（整理回収機構）は、会員の預託金問題を抱えているゴルフ場向け不良債権を異常な安値で売り買いしています。宮崎のシーガイアも20分の1以下で外資のものになりました。時に彼らはこれらを裁判所に持ち込み、預託金問題を整理して高く売ろうとします。私は、もともとゴルフ場が会員のお金でできている以上、破綻銀行の受け皿であるRCCやハゲタカ外資だけが大もうけするような法的解決は間違っていると思います。余りひどいときは会員が団結してNOと叫ぶことも必要でしょう。大口債権者である会員の意向が無視されたことで、最近国会でもこの問題が取り上げられました。

PART 2 それって、約束と

ようやく手に入れた念願のホームコース。
これから楽しいバラ色のゴルフライフが始まる…
期待は膨らみ、夢もどんどん広がる。
しかし、そんな幸せな気分も束の間。気がつけば気分は最悪。

違うんじゃないの!?

いいことばかり並べていた当初の美味しい話は嘘だらけ。

「えーっ、それって詐欺といっしょじゃないの?」

泣き寝入り…なんて洒落にもならない。

石橋は叩いて渡りましょう。

開場前のコース会員権をローンで購入3年経っても未だオープンしないのでローンはやめてもいい？

「いいゴルフ場ができる。しかも今ならこのお値段！」と言われ、ついついローンで買ってしまった会員権。しかし3年経ってもまだ工事中で開場しない。悔しいからローン払うのやめてしまおうかな・・・

【事例】

Aさんは0クレジットのローンを付けてMゴルフ場に入会し、そのローンを毎月支払っていましたが、3年以上経ってもゴルフ場が完成せずオープンしません。頭に来たAさんは、ローン契約書を探し出して読んだところ、10条に、商品に瑕疵（キズ）があったり、引渡がないときはローン支払を停止できるとあったので、毎月の支払いを止めてしまいました。

【結論】

Aさんは地方裁判所では勝訴（ローン支払を止めても良い）しましたが、控訴された高等裁判所では敗訴（ローン支払義務あり）してしまいました。Aさんは最高裁判所に上告しました。通常の会員権ローンの契約書には10条の規定がないことが多いのですが、高裁は10条があっても原告は未開場を承知のうえ入会し、その後に開場が遅れた訳だから商品に瑕疵はない、と0クレジットの主張を認めました。2002年11月22日最高裁は、Aさんのような主張は認めないことを明らかにしました。

ローン会員だけ救済では現金購入者には不公平感が募ることに

オープンが3年以上遅れている場合、ローンの支払を続けさせることは残酷な感じがすると思います。完成してオープン後倒産してしまった場合も同じですね。私も気持ちとしては支払を止めてあげたいのですが、会員の中には現金で買われた人も多いわけです。ローンの人だけ残金を払わなくて済み、現金で買った人は救済しなくてよい（返還請求すればよいと反論されるかもしれませんが、返せないことが多いことは皆様ご承知の通りです）というのでは説得力がありません。

一般の場合、ローンは会員と金融機関の関係で、開場の遅れは会員とゴルフ場会社の関係ですし、本件の10条のような条文はないことが多いので、プレーはできないのに毎月しっかりとローンの請求だけ来ることがよくあります。

ココ山岡事件など、大勢の一般消費者がほとんどクレジット付きで大量の商品を組織的に不合理な条件で購入させられ、被害者がたくさん発生したような場合、販売会社とクレジット会社が非常に親密な関係にあったことが証明できれば、ローンの支払を停止できる可能性があります。２００３年ゴルフ会員権についてもこのことを認める地裁判決が出ています。

本件ではOクレジットの新会社とMゴルフ場は共同事業を企画していたようですし、契約書10条の条文もあるので、例外的にローン支払を止められるケースになるかもしれません。しかし一般の会員権ローンの場合は、本件のケースと事実関係が同じではないので、支払を止めると担保を処分されて会員でなくなってしまい、プレー権も預託金債権も失うので注意が必要です。最高裁は２００２年11月、Mゴルフ場について、統一されていなかった判例をローン会員に不利に統一しました。

【事例】

Aさんは中華料理店を経営していますが、その定休日は火曜でした。そのため月曜が定休のNゴルフクラブの平日会員となってプレーを楽しんでいました。ところがNゴルフクラブは一方的に定休日を月曜から火曜に変更してしまいました。

【結論】

Aさんの入会した理由は、毎週店の定休日にNゴルフクラブでゴルフができたからです。それが毎週クローズになったのでは入会した意味はありません。したがって裁判所はAさんを勝たせてくれました。これは契約の不利益変更の一種です。つまり一度納得づくで合意したことを後から一方的に変更できるかという問題です。定休日変更に合理的な理由があれば、Nゴルフクラブに勝ち目が少しは出てくるかもしれませんが、その証明は難しいでしょう。

一方的に休場日を変更されて楽しみにしていた週一ゴルフができない。せっかくの平日会員権も無駄に…

定休日を利用し、平日会員として週に1度ゴルフを楽しむアマチュアゴルファーは少なくない。でもコースと店の定休日が突然重なったら…？仕事を休む以外プレーをする手段はない…

突然の会則変更も合理的と認められれば負けもあるが…

Aさんは定休日にプレーできなくなり、入会した理由がなくなったため、契約解除して支払済みのお金の返還を求めました。裁判所はAさんの訴えを認めて、Aさんの支払った金額全部の返還を認めました。

Nゴルフクラブは Aさんに対し、会則や入会時のパンフレットに基づいて、ゴルフ場の施設を利用させる義務を負っています。

Aさんから見れば、プレー権を有するということです。つまりAさんの経営する店の定休日である火曜日に、平日のメンバー料金でNゴルフクラブのプレーを楽しむ権利があるということです。ところがNゴルフクラブは、なぜか定休日を火曜日に変更してしまったというのですから、Aさんにとっては一大事です。最近では平日会員になる人々の入会動機は平日会員が安いからというのではなく、週末に休みを取れない業種の人々がプレーしたい場合も多いようです。問題は、Aさんはこのような不利益変更を受け入れなければならないかです。会員の既得権はすべて保護しなければならないとすると、年会費やプレー代の値上げだけでなく、プレー時間の変更やカードの導入などの合理化も一切できなくなりそうです。やはりいろいろな事情を考慮して、3分の2くらいの会員が合理的な変更と考えられるものなら、変更可能と考えざるを得ませんね。でも本件のように、定休日の変更でAさんの入会した意味がなくなるような場合は、Aさんの訴えどおり契約解除は認められるでしょう。

【事例】

Aさんの買ったXゴルフ場のパンフレットには、完成時期平成4年11月、付帯設備として高級リゾートホテル、室内外プール、アスレチックジムなどを建設すると書かれていました。でも、何年経ってもホテルは建たないので裁判になりました。

【結論】

Xゴルフ場は、バブル崩壊時点でゴルフ場以外の施設はお金を掛けて建設しても採算が取れないとして、とりあえず平成7年6月にゴルフ場のみ完成して営業を始めました。Aさんとの契約の中で、何が本質的なものであったかによって結論が変わります。ゴルフ場のホテルと、マンションでは、裁判所の判断が分かれていましたが、1999年に至り最高裁は、ゴルフ場にも厳しい態度をとりだしました。

立派なホテルも作るというから購入を決めたゴルフ場の会員権なのにバブルがはじけたらコースだけ？

たまにはやりたい、泊まってゆったりゴルフ。決してそんな立派なホテルじゃなくていい。コースにちょっと小洒落たロッジでもあればグー。あとは美味しいつまみと、熱～い温泉があれば…

マンションと違いゴルフ場には寛容な裁判官たちだったが・・・

アメリカでは住宅地を開発し、余った土地にゴルフ場を造ります。いわばゴルフ場は住宅分譲の添え物なのかもしれません。しかし日本では、ゴルフ会員権が独自の財産権として成長してしまったため、ゴルフ場にウェイトがおかれた開発と会員権販売がなされてきたようです。

ところでわが国では、ゴルフ場の開発の遅れについては、裁判所は少し寛容になってきました。その一方で、リゾートマンションのスポーツジム開設の遅れについては、最高裁は事業者に厳しい判決をしました。つまりリゾートマンションの販売契約は、多数の一般消費者との定型的な販売契約であって、スポーツジムの利用契約とマンションの販売契約がセットになっていると考えたわけです。裁判所は、スポーツジムの利用が不可能な場合、マンション売買契約の解除を認めました。

一方、ゴルフ場については、パンフレットに、ゴルフ場内にホテル建設予定の表示があったという事例で、ゴルフ場建設が遅ればせながら完成していれば、入会契約の解除まで認めない傾向が出てきています。パンフレットにホテルなどの建設予定が明記されている以上、ホテル建設などが入会の動機になっていると思われるし、広い意味での約束になっているはずです。でも、ゴルフ場入会契約の本質は、ゴルフ場建設にあること、そしてこのバブル崩壊期にホテル需要が激減していることから、裁判所もゴルフ場に寛容になる傾向が一時ありました。しかし1999年11月30日、最高裁は、パンフレットの記載を重く見て契約違反を認めました。

【事例】

Aさんは B 企業グループの下請で生計を立てていました。Bグループでゴルフ場Bカントリークラブを作るというので下請会社に会員権の割り当てがあり、Aさんは仕事を欲しさにBカントリーに入会しました。ところがいつの間にかB企業グループの名前はBカントリーから消え、ゴルフ場の名前もCカントリーになってしまいました。

【結論】

B企業グループは、200億円にものぼる預託金の償還期限が近づく前にBカントリーから撤退したようです。Aさんが入会したのは、B企業グループがゴルフ場をやると言われ、パンフレットやオープニングのパーティでもB企業グループが全面的に応援するからと言われたからでした。裏切られたAさんたちは、集まってB企業グループの親会社にデモをかける一方、損害賠償を求め裁判も起こしました。

クライアントが作るというから仕事絡みで購入した会員権それがいつの間にか別会社のコースに…

庄屋様と小作人、大富豪と召し使い、王様と家来、大手ゼネコン企業と末端の現場担当零細会社…何時の世にも辛苦を強いられるのは力の小さな末端の者

下請会社が嵌まった大型企業グループの用意周到な確信犯

最近ゴルフ場が競売になったり、いつの間にかゴルフ場の名称が変わったりすることがよくありますね。新刊書も題の付け方で、売れ方が違うという話をよく聞くのですが、ゴルフ場の会員募集の時もゴルフ場名はポイントになります。親会社や企業グループの名や、これを連想する名称の場合、その企業グループが全面的にかかわるようなイメージがあるので、募集やその後の会員権相場に良い影響があるようです。それはすべて親会社の信用に基づくわけですね。

ところがバブル崩壊で本業も順調でなくなった企業グループの本音は、預託金問題から逃げられるならば逃げたい、というところにあるのではないでしょうか。しかし大半の親会社は企業イメージを大切にするので、親会社としての責任を果たしているようです。しかし一部のグループでは、会員募集を別会社で行ったことをいいことに、ゴルフ場とはすべて関係ないと主張し、ゴルフ場名まで変えさせてしまう例も出てきました。パンフレットやオープニングまでのセレモニーや地元との交渉では、親会社や企業グループの信用を全面的に利用していたのに、逃げるときは一切知らぬ存ぜぬの一点張りのようです。高額の入会金と預託金を払わされた下請グループの企業が、2階にあげられてハシゴを外されたと感ずるのは当然でしょう。彼らが信じた企業グループの本丸にデモをかける気持ちは分かる気がします。裁判では、B企業グループが会員たちに間違った判断をさせた証拠があるかどうかがポイントになっています。ですからこんな場合は必ずパンフレットや資料は残しておいた方がよいですね。ただ法的には、入会金や預託金を受け取った会社名がまず問題になるでしょう。

【事例】

Aさんたち4名は「メンバー最優先の名門コース」でステータスが得られるとの評判のBクラブに入会し、それぞれ預託金600万円を払い込みました。オープン当初、メンバー同伴ゲストの枠は厳しく制限され、またスタート予約制は取らず、超名門クラブであるがごとく到着順のスタートシステムをとっていましたが、2年経ってスタート予約制が採用されました。

【結論】

スタート予約制のほかゲスト枠も拡大されたので、Aさんたちは Bクラブの約束違反を理由に契約解除のうえ預託金返還を求めました。地裁はAさんたちを勝たせましたが、高裁は逆転判決をしました。というのは、入会時のパンフレットや会則に、このシステムについての記載がなく、予約するのはわずかな労力で、会員に特段の不利益をもたらすこともなく、会員の優先的なプレー権が阻害されることもないというわけです。

到着順スタートシステムの名門コースだからこそ入会したのにそうじゃなくなったから脱会、OK?

滅多に人が持っていない超高級ブランド品。誰もが持つようになっては当然価値も下がる。他人とは違う、簡単には手に入れられない、その優越感が好きな『ブランド大好き日本人』

本当の目的が預託金返還ならばその訴えは通らず

確かに豪華なパンフレットはメンバー中心のクラブライフを強調しており、高額の預託金を払い込んだメンバーにとって、欧米の超名門コースでとられているという到着順のスタートシステムや、オーガスタ・ナショナルで貫かれているというメンバー同伴システムは憧れの的になっています。これが本来のメンバーシップであり、ステータスシンボルを実感できる雰囲気なのでしょう。我が国でも一部でこれらのシステムが採用されているようですが、新設ゴルフ場ではバブル崩壊とともにゴルフ場の採算を確保するため、ゴルフ場の運営システムの効率化が必要になっています。

欧米であれば、ゴルフ場経営のために資金不足になれば、メンバーが頭割りで負担するとの話は良く聞きます。しかし本物のメンバーシップが根付きにくい日本では、年会費の増額ですら大半のメンバーから反発されるのが当たり前になっています。このケースでは会則やパンフレットに記載があれば、また話は変わったかもしれません。もしそうであったら、書面に明記され重要な規約内容となったことについて約束が果たされないわけですから、高裁も逆転判決まではしなかったのではないかと思います。バブル崩壊後の日本の現在の経済状況を踏まえた高裁の判断でしょう。Aさんたちが納得いかないのは良く分かりますが、高裁は裁判を起こしてまで預託金の返還を求めることについては認めてくれなかったわけです。

【事例】

Aさんの入会したMゴルフ場は20年もの間、会員権の名義書換を停止しています。会則には「理事会の承認を得て譲渡することができる」と明記されているにもかかわらずです。ところが一方で、どうもゴルフ場はダラダラと追加の会員募集を続けているようなのです。Aさんは裁判を起こしました。

【結論】

会則に会員権の譲渡ができると決められている以上、20年も名変停止しているのは明らかに入会した会員の期待を裏切るものでしょう。しかも、その理由が会員の追加募集のためというならば約束違反は明らかです。裁判の結果は、名変停止は合理的な理由と会員権の譲渡性を奪わないような期間内に限る、という判決になりました。

「譲渡OK」と会則にはあるのに一方的に名義書換は長期停止でも、その裏では会員募集が…

数千万円で買った会員権も、今や数十万円に…なんて話はけっして珍しくない。逆に当たり前。相場低迷の今、会員権の譲渡、名変を自由にするほどゴルフ場側が夢見る昔のままの価格とは格差が生じる。

相場が低いと当然コース側の思惑より市場流通が安くなる

普通のゴルフ場では、会員権の譲渡が認められています。ゴルフ場側では、会員名簿や会員台帳を用意して、会員の移動や年会費の支払状況をチェックしています。最近はコンピューター処理で行っているはずです。会員の移動があると、関係者から会員権証書や印鑑証明が添付された名義書換申請書が出されて、理事会などの承認を経て所定の名義変更料が納付されると名義が変更されます。こうして会員権は流通するのです。

ところがゴルフ場によっては長期間名義変更を停止されることがあります。現在のように相場が下がっているときに停止されやすいのですが、停止の理由のほとんどは、新規または追加の会員募集といわれています。つまり相場が低いと、ゴルフ場側で募集している会員権の値段より安く市場で流通している会員権ばかり売れてしまい、ゴルフ場の募集が不可能となってしまうからです。この問題も、結局Aさんが入会したときのゴルフ場との約束によるわけです。はじめから譲渡不可の条件で入会したのであれば、Aさんとしても我慢しなければなりません。数は少ないけれど、そのような考えのオーナーもおられるようで、それに賛同して入会したメンバーは、譲渡できなくなってもやむを得ません。Aさんの場合のように会則上譲渡が保証されている場合は、ゴルフ場の名義変更停止は合理的な理由がありません。Aさんは名義書換の不当拒否という理由で裁判を起こしたところ、裁判所はAさんの主張を全面的に認めてくれました。

ゴルフ場の年会費が、何の説明もなく突然4倍に。こんなのって許されるの？

事例

私が入会しているゴルフ場の年会費はこれまで年間3万円でした。
ところが最近ゴルフ場のオーナーが代わったらしく、いきなり年会費を12 万円に値上げするという一方的な通知がきました。
突然何の説明もなく大幅に値上げするなんて全く納得できません。1枚の紙キレの通知でこんなことが許されるのでしょうか。

解説

大幅な値上げは、会員への大幅なメリットがなければ、認められません。

ゴルフ場の年会費はゴルフ場によってまちまちですが、通常は年間数万円でしょう。欧米では年間予算不足分を会員が負担することもあるようですが、日本では会員の反対が多いため、少額でも年会費の値上げはしにくいようです。

これはいったん決められた会員の義務は、法的には将来にわたり会員の不利益になるように変更できないのか、という問題です。プレー料金や年会費は値上げする正当な理由があればリーズナブルな範囲で可能というのが一般的考えのようです。他方本件のような大幅値上げは、同時に会員の得るもの(地位やメリット等)が飛躍的に増える場合でないと認められないでしょう。

まだまだ起こっている

Trouble × Problem

会員権を手に入れたのにプレーの予約はビジター優先。そんなこと許されるの？

事例

私は最近念願の会員権を手に入れました。
入会を承認されたので、
毎週末友人たちとプレーするため
予約の電話を入れるのですが、
いつも断られてしまいます。
頭にくるのは、メンバーでもない友人が
電話すると予約ができるのです。
こんなこと許されるのですか。

解説

メンバー軽視のコースと言わざるを得ませんが、早めの予約が必要です。

最近はこんなことは少なくなりましたが、会員権が高く景気がよかったバブル期にはゴルフ場の予約を取るのに皆苦労したものです。預託金や入会金を払い込んでメンバーになったとたん、ゴルフ場側から見るとプレー料金を高く取れないお客に変わってしまうわけです。メンバーになる意味はビジターに比べ優先的に予約が取れるところにあるわけです。だからメンバーでないほうが予約が取りやすいゴルフ場は、メンバー軽視の金儲けゴルフ場といわれてもやむを得ません。とはいっても1日にプレーできる人数には限りがあります。メンバーさんも予約は早めに取るほうが無難です。

まだまだ起こっている

Trouble × Problem

パンフレットの高級感を信じ、会員権を購入したのに話が違う。契約を戻せる?

事例

私は数年前ゴルフ会員権を購入しました。
購入の決め手はパンフレット。
メンバーシップ制で高級感があり、
「ゆったりとしたプレー」と
「くつろぎと語らいのあるクラブライフ」
ができると思ったからです。
ところが最近ビジターが増え、中にはGパンやTシャツの客がいて話が違うのです。
契約を元に戻したいのですが……。

解説

不景気な時代、高級感重視のコンセプトは、なくなったのでしょうか。

パンフレットの高級なイメージが営業方針の変更で大きく変わってきてしまったという場合、契約の無効や解除を主張できるでしょうかという質問ですね。

実は最近の類似事件で、このような会員の主張が認められなかった判決がありました。「ゆったりした」というのは主観的なもので基準としては不明確であるし、多少品位を欠くビジターを受け入れたことは軽微な契約違反行為にすぎないというのです。昨今の不景気を反映した判決ですね。でも、ゴルフ場はサービス産業です。話が違っていたらメンバーとして指摘すべきだし、きちんと対応しないようなゴルフ場は、競争社会では脱落するでしょう。

まだまだ起こっている

Trouble × Problem

平日会員なのに平日の大晦日に休日料金を求められたら？

事例

私は自営業で定休日が平日なので
Aゴルフ場の平日会員になりました。
ある時、学生時代の友人がAゴルフ場で
プレーをしたいというので、
一緒にゴルフをすることになりました。
休みが合わないので年の瀬も押し迫った
12月31日、曜日は月曜日でと約束をしました。
ところがゴルフ場は年末年始は平日でも
休日料金を適用するというのです。
これは仕方のないことなのでしょうか

解説

会則で取り決めがない限り、大晦日は平日と認められます。

平日会員とは一般的には「休日」以外の日にプレー権がある会員のことです。多くのゴルフ場では会則で「土曜日、日曜日、祝日を除く平日のみプレーができる」といった定めがあるのではないでしょうか。民法上の「休日」は、国民の祝日、振替休日、日曜日。社会慣行として一般に業務を行わない日です。最後の「社会慣行として一般に業務を行わない日」については正月3が日についてだけが判例で認められています。ということは会則で具体的な制限がない限り、12月31日が月曜日ならば「休日」とは言えず、平日会員は会員としてプレーをする権利があることになります。

ただ、プレー料金についてはゴルフ場側に決定権がありますから、通常の平日よりも高めにプレー料金を設定することはあるでしょう。

計画とは違うコースが完成。会員契約の解除は出来る？

事例

ゴルフ場の会員権を購入したくて
パンフレットを取り寄せたところ
「全長6,500ヤード、パー72」
「フラットで戦略性の高いアメリカンスタイル」
と書いてある内容に惹かれ、
会員権を購入しました。
しかし、オープンしてみると全長は6,000ヤード、
パー71の起伏に富んだコースでした。
話が違うので契約を解除したいのですが
できますか？

解説

バブル経済がはじけたあと同様の事例で、裁判所は、契約の本質部分は履行されているので解除できないと判断しました。

ゴルフ場をオープンするまでには様々な手続が必要で、当初予想できなかった事態の発生もあり、パンフレットにもコースレイアウトの内容は変更されることがあると記載されているというのが理由です。 商品を売るためのパンフレットですから、ゴルフ場の良いイメージを強調するのは常識です。「このスイカ美味しい?」と聞いて、八百屋さんが「まずい」と言うことはありません。でもウソの広告は詐欺になります。その境界線は、商品の本質的部分に偽りがあったかどうかでしょう。最近のひどい経済状況において、ショートコースや9ホールではなく、18ホールのゴルフ場が完成したことで、一応入会契約の本質的部分は履行されたと判断されたのでしょう。

まだまだ起こっている
Trouble × Problem

スループレーへの強制的なシステムの移行に困っています

事例

私が好きなゴルフ場は、
4月からハーフ終了後の休憩がなくなり、
いわゆるラウンドスルー制になりました。
2交代制にしてお客さんをたくさん入れるためで
あることは明らかです。
1・5ラウンド・プレーも出来なくなりました。
昼休みにビールを1杯飲みながら
ゆったりとプレーをし、ラウンド後、
天気が良ければあとのハーフを回るのが
クラブライフと思いますが、
このシステム変更は法的に許されますか。

解説

18 ホールスルー制は本来、ゴルフの原点なのです。

日本の常識では、ハーフ終了後にレストランでゆっくり昼食をとり、1日がかりでプレーをするのが慣例になっています。しかし、世界のゴルフ事情を見ると日本のゴルフの方が異例なのです。ペブルビーチ GL ほか海外のゴルフ場では、夜明けから日没まで、ワンウェイといって1番ホールからスタートし、18 番ホールまで休みなしにプレーしています。日本でのアウトとインからのツーウェイ方式は、両コースを使って集客し、レストランの売上げをも確保するという特殊なやり方なのです。そのため日本のゴルフ場は豪華なクラブハウスを備えた特異なものになってしまいました。その意味からすると、このワンウェイ方式はゴルフの原点に戻る意味もありますので、法的には問題にはならないでしょう。

PART 3

晴天の霹靂《へきれき》!!

・・・

まさに、寝耳に水。
他人事のように思っていたゴルフ場の経営破綻問題だが、
自分のホームコースがそうなって、ようやく現実の厳しさを知る。
いつものようにゴルフプレーにコースに出向くと、

何の前触れもなかったのに、
突然のクローズ状態、破産宣告の貼り紙。
あぁ…大枚を叩いてやっとの思いで
手に入れたゴルフ場会員権。
まだローンは半分残っているのに、
いったいどうすりゃいいの?

ホームコースが倒産した

【事例】

Aさんが入会していたOゴルフクラブが突然コースをクローズしてしまいました。経営会社からの通知には、ゴルフ場が強制執行を受けたので、営業再開も再建の見込みもないと書いてありました。どうも資金繰りに詰まった経営会社が町金融から借金したときに、代物弁済でゴルフ場の土地建物の所有権を取られてしまったようです。

【結論】

経営会社にはノンバンクやゼネコンにも借金があり、抵当権も付いてましたのでゴルフ場は競売手続に入っていました。Aさんはコースに愛着があったので仲間に呼び掛けましたが、誰かが何とかしてくれるだろうといって会員たちは何も活動しませんでした。そのうち入札が始まり、落札したのはゴルフ場をクローズして占有していた町金融のグループでした。彼らはゴルフ場の名称も変えて会員に通知を送り、追加金300万円を支払えばメンバーにして上げるというのです。300万円を支払わない旧会員はビジター料金を支払えというわけです。

ホームコースが突然のクローズ！経営は町金融の手に移り300万円を出せという…

お気に入りのホームコースが突然つぶれてしまった。何の前触れもなくクローズ。最近、少なくないことだ。『誰かが動いてくれるだろう』と他人任せにしてると、取り返しがつかない状況にもなりかねないので要注意

会員権が紙クズと化してしまう前に会員一丸で早い対策を

この手の話は、日本の預託金制ゴルフ場でよくある話でした。ある人に聞いた話ですが、同じゴルフ場について4回も追加金を支払った方もいたそうです。その意味では預託金の歴史は、紙クズ会員権の歴史でもありました。つい10年前、町金融ではなく著名な金融機関ですら、本件の町金融と同じことをやろうとしたことがあ

りました。

でも、いくらゴルフ場の会員の権利は弱いといっても、戦前の「地震売買」(借家人つきの家を買って揺さぶりをかけて借家人を追い出す)のようなことを、社会的責任を果たすべき大企業がやってはいけません。

バブルがはじけて大企業の不祥事が次々明らかにされるのに対し、企業はコンプライアンスと称して、やってはいけないことの基準作りをしているようです。でも違法な行為をしてはいけないことは、基準を改めて作らなくたって当たり前のことなのです。問題は、違法とまではいかなくても、企業の社会的責任に照らしてやってはいけないことがあることを、もっと企業が認めるべきなのです。

バブル経済当時、貸手側の事情によって返済の見込みも考えずに過大な融資がなされたり、または会員がたくさんプレーしている営業中のゴルフ場を担保に取ったような場合、少なくとも大手金融機関が競売で会員を蹴散らすことは、法的にも許されなくなっているというべきではないでしょうか。

本件では、そのような社会的責任を追及されにくい町金融が、競売で落札してしまったというのですから、会員たちは町金融の手中に入ってしまい、会員権は紙クズ化してしまったわけです。

もう少し早く気付いて、他人任せにせず、会員が一つにまとまれば、会社更生法や破産手続の中で会員のプレー権確保の方法もあったのですが…。でも、今からでも遅くはありません。会員のお金によって出来たゴルフ場なのですから、会員の団結の力で会員のプレー権を確保しませんか。

【事例】

平成4年春、Aさんのところに裁判所から破産宣告の通知が来ました。知り合いのB弁護士に調査してもらったところ、Aさんがプレーしている Cゴルフ場が破産した上、競売にもなっているとのことでした。慌てたAさんはゴルフ場で支配人を追求したところ、もうゴルフ場は別会社D社に変わっているので大丈夫だと言っていたのですが…

【結論】

B弁護士によると、2,500人のCゴルフ場のメンバーは法的には弱い立場だが、高額の預託金を預けたメンバーが、何の法的保証がないのは法律の欠陥だし、おかしいことである。だから、世直しを含めてメンバーみんなで立ち上がって、世の中に訴えてみたらどうか、とのことでした。Aさんも仲間に話をしてみると、まさにその通りということになったので、Cゴルフクラブメンバーの会を作って全メンバーやマスコミに呼び掛け、破産管財人や競売申立中の銀行に対し、まず競売差止を、さらにメンバーと金融機関によるゴルフ場再建を提案しました。初めは銀行や管財人この考え方に首をかしげていましたが、2,500人中2,000人の会員が団結したことから、銀行とメンバーの協力による新しいゴルフ場に生まれ変わることができました。

破産・競売は会員の天敵！法的保証のない会員は一体どうすればいい？

ホームコースの破産宣告は、今ではけっして珍事ではない。こんな時こそ、誰かが何とかしてくれるだろう、ではなく会員が一丸になって動かなければいけないとき。放っておいて競売にでもかけられれば会員権は紙クズだ。

メンバー同士が団結し粘り強い弁護団と結合することが成功の秘訣

銀行系の抵当権付預託金制のゴルフ場として再出発が決定したCゴルフクラブでのメンバーと銀行側の基本合意の内容は次の通りです。

一、銀行側がCゴルフ場を買い取り、今後のゴルフ場経営にあたる。

二、現会員の新拠出金は正会員1人あたり145万円、平日会員は半額（全額据置期

間20年の預託金。入会金なし)
三、新預託金には1番抵当権を設定する。

ゴルフ場が競売されたら、あるいはゴルフ場が破産宣告を受けたら、会員の預託金債権はわずかばかりの配当金だけとなり（競売のときは配当もありません）、プレー権は失われるというのがこれまでの法常識でした。このような法律解釈の壁に対して、Cゴルフクラブメンバーたちは銀行に繰り返し抗議することにより、競売手続を停止させ、破産手続の枠内でゴルフ場の再建を目指すことを可能にしてきました。新預託金145万円には1番抵当権がつけられ保全されます。現行法上最も強力な預託金の保全方法です。競売・破産に対してもこれまでのように紙クズになるということはありません。外資系ファンドへの転売にも抵抗力があるでしょう。

金融不安が高まっていたここ数年、ゴルフ場の倒産によって、会員権が紙クズになった方も少なくないと思います。その上、D社のような旧経営者のダミー会社に追徴金を要求された方もおられると思います。しかし皆で知恵を絞れば可能性は出てきます。破産ゴルフ場でも全メンバーが団結して立ち上がれば、多少のお金を払うことで健全なゴルフ場を再生させることができることもあるということです。ただ、メンバーの間で喧嘩をしたり、会が分裂したりすると、絶対に上手くいきません。だれのヒモつきでもなく、ボランティア精神に満ちあふれた人たちが団結の上、粘り強い弁護団と結合することこそが成功の秘訣なのです。

【事例】

Uクラブは、10年前、会員1人あたり入会金1000万円と預託金4000万円の、合計5000万円を支払ってもらいオープンしました。会員数400人で200億円集めたわけです。今般ゴルフ場をTグループに売却するにあたり、会則に従ってクラブを解散し、全会員に預託金を返しました。ところが、一部の会員が、預託金だけでなく入会金も返せと裁判を起こしました。

【結論】

会員は半永久的に利用できるはずの会員権を購入していたわけですから、ゴルフ場の都合でやめるなら入会金も返してもらってもよいというのは、当然のように思えます。スポーツクラブの先例があったので、地裁の裁判官は、Uクラブに入会金の返還を命じました。しかし、ゴルフ場の預託金だけでなく、銀行その他の金融機関の預金の払戻ですらペイオフ（払戻の上限設定）が大問題となっている今日、預託金だけでなく入会金まで返せとの訴えは高裁では通りませんでした。一つの常識が変わり始めているかもしれません。

一方的にクラブを解散するのだから預託金だけじゃなく高額の入会金も返してほしい！

高額のお金を支払って得たゴルフ会員権。ところがゴルフ場の都合でクラブを解散、別の会社に売却するという。なのに入会金はゴルフ場のものって、…そりゃ泥棒と同じじゃない？

この時期に預託金だけでも全額戻ったで良しとすべきなの？

時代の変化をあまり考えない形式的な法理論からすると、会員の請求が認められそうです。

まさに地裁の判決がそういうものでした。

しかし、この事件の地裁の判決は、何かバランスがとれていないような気がします。というのは、会員はなぜ預託金の返還を受けるときに、クレームを付けなかったのでしょうか。

自分は入会金も返してもらってないからやめる気はないと明示せず、多額の預託金を返してもらってから、裁判を起こしたというのは何か変ですね。お金を返すゴルフ場側も、入会金は返さないことに関して、念を押さなかったという点については問題がありそうです。要するに会員側もゴルフ場側も何かすっきりしないものを感じる事件です。何故でしょうか。ちょうどUクラブの預託金返還の頃、大手ゴルフ場の和議申立で、日本のゴルフ界が預託金問題で大揺れに揺れていたことが反映していたのかもしれません。

地裁判決には、会員の主張に沿って、Tグループへのゴルフ場売却の契約まで詐害行為（会員債権者の債権回収を妨害する行為）として取り消してしまったものまで出たので、大混乱が起きるところでした。さすがに高裁は経験を積んだ裁判官なので、あまり常識にはずれた判決は出しにくいのでしょう。会則をよく検討して、クラブ解散の条文（クラブ運営上やむを得ない事情があるときはクラブを解散できる）や理由を問わず入会金は返還しないという条文を根拠に、完全に地裁判決を逆転して会員の請求を棄却しました。この時期、4000万円もの預託金が全額戻ったのですから、入会金まで返せというのはちょっと無理というのが、いまどきの常識になってしまったということなのでしょうか。

【事例】


Sゴルフ場グループは預託金償還問題と景気低迷による営業不振のため、民事再生法の適用を裁判所に求めました。

グループの5つのコースのうちAゴルフ場は、コースとクラブハウスなどの設備は素晴らしいのですが、経営するのにお金がかかりすぎて採算が取れません。千数百人いる会員は自分たちの預託金と施設を使う権利はどうなるか、固唾を飲んで再生法の行方を注目していました。なぜなら、再生法というのは会社再建の手続きなので、採算の取れないまま会社を続けることは許されず、そのような会社は破産宣告を受けて清算するのが、法の建前とされているからです。

会員のBさんは、そんな悲劇を避けようと、有力なスポンサーを探すのが再建の秘訣と信じてかけずりまわっていました。


【結論】


Bさんは人望があり、各界に有力な人脈を持っていました。プロゴルファーから政財界まで、ビジネスとゴルフを通じたネット・ワークが威力を発揮したのです。

Bさんの考えでは、会員の納得するオーナーであれば預託金の問題は何とかなる、知名度もあり経済的な力もある人を見つけ出せれば会員の協力によって独立できるはずだ、というわけです。

Bさんは、活躍中のプロゴルファーCに的を絞ってアプローチしました。その甲斐あってAゴルフ場はCプロの父親が経営する会社が買うことになり、会員のプレーは保証されることになりました。

快適なホームコースに、経営の危機が！プレー権確保のためには、人任せではいられない!?

景気低迷による営業不振と預託金償還問題。これからのゴルフ場再建には会員の意識も大切だ。

自らの権利確保には積極的な関与を

Bさんをはじめとする Aゴルフ場の会員たちを、幸運だったと見るか、それとも不運だったと見るか、見解の分かれるところでしょう。バブル経済の崩壊によって、破綻に瀕しているゴルフ場の数は増えるばかりです。２０００年４月に施行された民事再生法によって、再建をはかるゴルフ場も出てきました。

10年以上前ですと、法的には、倒産したゴルフ場の会員の権利はまったくといっていいほど保証されていませんでしたし、本件のような場合では、会員に多額の追加出資（追徴金）を要求されるのが常でした。しかし、ここ数年、ゴルフ場問題が社会問題になるにつれ、預託金の保証はともかく、プレー権だけはなんとしてでも確保できないか、ということがクローズアップされるようになったのです。

ただ、ここで注意しなければいけないのは、本件のようなオーナー交代は裁判所が関与するわけではない、ということです。したがって、保証されるべき会員のプレー権の内容はよくチェックする必要があります。

破綻した銀行の処理の過程で、外資によるゴルフ場購入が現実のものとなっています。会員の方も積極的に新しいゴルフ場の旅立ちに参加したいものです。

まだまだ起こっている

Trouble × Problem

メインバンクの破綻に伴い、ゴルフ場が競売に。会員権が紙切れになりそう…

事例

私が入会しているゴルフ場のメインバンクが
破綻しました。どうやら外資系ファンドが、
メインバンクの債権を
かなりの安値で買ったようです。
そして、その外資はゴルフ場会社に
高値での買取りを迫り、これに応じないと
ゴルフ場を競売にかけると
言っているらしいのです。
外資は、私たちの権利を
紙切れにするようなことができるのでしょうか。

解説

納得できないなら発言と行動を!!

最近また会員権相場が下がり始め、ゴルフ場の値段も暴落の一途をたどっています。そこで、外資系ファンドが、国内ゴルフ場やゴルフ場向け債権を買いあさっているのです。日本のゴルフ場は、会員権の暴落の他にも、会員のプレー権保護や借地問題、水利権問題、環境問題など問題が山積なので、外資の買値は二束三文に近いのが現状です。

形式的には50億円の債権を1億円で買っても、50億円分の権利を行使して競売ができるとされています。不良債権問題の解決には必要かもしれませんが、会員としてはまったく納得できない話ですよね。会員のお金でできたゴルフ場を外資の金儲けの道具にするな、と会員みんなで発言し行動する時期にきたようです。

まだまだ起こっている

Trouble × Problem

会員権証書の紛失で預託金の配当はどうなる?

事例

私の入会していたゴルフ場が破産宣告を
受けました。会員が集まって団体を結成し、
破産管財人に強く申し入れをした結果、
なんとか新しいゴルフ場オーナーに
旧会員のプレー権だけは
引き受けてもらえそうです。
ところで預託金の配当は1%だそうですが、
最近引っ越しをしたため、
預託金証書の原本が見当たりません。
配当を受けられますか。

解説

預託金証書は不必要です。
破産管財人宛てに念書を提出すればOKです。

他に会員権を譲渡したり担保に入れたりするなど、あなたが権利を失ってない限り、破産管財人に念書という形で一札入れることにより、紛失した会員権の配当をもらうことができます。念書の内容例は次のとおりです。「貴ゴルフ場倶楽部発行の会員証を紛失しましたのでお届けいたします。この件に関しては一切の責任を私が負い、貴倶楽部にはご迷惑をおかけいたしません」本来は預託金証書と引き換えに配当金を受け取るのが原則ですが、破産宣告によってもう会員権が他に流通する可能性がなくなっていることから、便宜的に念書で処理されているようです。ただ、破産手続きにおいて、あなたがゴルフ場の会員として認められている必要はあります。

ゴルフ場の再倒産

事例

私のホームコースは数年前に和議を申立して、
大騒ぎになりました。
預託金はカットしない条件で、
ようやく和議が成立し、ひとまずホッとしました。
会員権の売買も再開しました。
ところが、最近、新しく経営者になった外資が
いきなり民事再生法の申立てをしたのです。
これは計画的な再倒産であり、
明らかに違法ではないでしょうか。

解説

不誠実な申し立ては許されません!

法的には、以前に和議や会社更生申立をし、認可を受けた会社でも、民事再生法の申立をする権利はあります。つまり、認可を受けた当時の経済状況や会社の経営状況と最近の状況が全く異なってくれば、再生法申立の条件はクリアするとは思います。ただ経営側の考えや方針が変わっただけで、申し立てるのであれば、過去に協力した会員や金融機関の債権者からは、納得がいかないでしょう。理論的には、不誠実な申立ということで却下されることもありえます。この場合破産の可能性も出てきますが、会員側から会社更生の申立でこれを防止する手もあるでしょう。ただ、このようにゴルフ場を法的にテクニック万能の舞台にすることは、会員にとっては幸せなことでないことだけは確かです。

まだまだ起こっている

Trouble × Problem

ホームコースの一つが破産税務的に売却損は出せる？

事例

先日税務相談に行ったところ、
個人会員の場合、ゴルフ場が破産しても
税金を安くする方法はないと言われました。
ゴルフ場のプレー権が存在しているうちに
第三者に売却して名義書換を
終了していないといけないというのです。
私が持っている会員権のうちAゴルフ場は
破産しましたが、Bゴルフ場は破産していません。
税務的にこれらの売却損は出せるのでしょうか。

解説

ゴルフ場が破産すると売却損が認められません。

バブル期に額面1000万円を超えるのが当たり前だった会員権ですが、今の相場はピーク時の10分の1から100分の1です。高く売れた時代はがっぽり税金を取られたのですから、売却損が出たら、税金を戻して欲しいですね。これを損益通算といい、売却によりでた損失を他の所得と通算できるわけです。いまのところ、きちんと第三者に会員権を売却したことが証明されれば、税務署は損益通算を認めてくれます。しかしゴルフ場が破産してプレー権が法的になくなってしまうと、「会員権の売却」そのものがないので損は出ない、というわけです。そこで税務当局は、破産の場合、損益通算は認められないと判断しています。破産しても事実上プレー権だけは残るケースが増えているので、損を出せるようにすべきではないでしょうか。

PART 4

ホームコースに疑問と

異論が膨らんで・・・

当然の事ながら、そのコースが好きだからメンバーに入った。
あまたあるゴルフ場の中から選んだには、
ちゃんと思い入れが存在する。
なのに気がつけば、そんなコースが嫌なやつに思えてきた。
ホームコースとはそれまで
上手くやって来たつもりなのに…何故？
思いとは裏腹に、もつれてこじれるのは
男と女の関係と一緒。
こんなことってあり？　嘘でしょ？
何だかすごく理不尽…。
予測も予防も非常に困難な
トラブルだけに、
上手に対応したいもの。

値下がりしてしまった会員権売却して差損を出せば節税ができる？

バブル全盛の頃に買った、とても高かった会員権。それが今では、その10分の1や20分の1に値下がり。投資のつもりじゃないとはいいながらも、ちと悲しい。売ったことにすれば、せめて節税対策に使えるの？

こんな時代だけに税務署のチェックはかなり厳しい

ゴルフ会員権相場の低迷は相変わらずです。ピーク時の10分の1から20分の1程度の値段のゴルフ場も多く、中には10万円以下のものまであるといいます。バブル時代に値上がりを夢見て購入された会員の方が儲けるチャンスはもう来ないと思います。その一方で、したたかな人達は、法人が不動産売却などで出した売却損

【事例】

預託金制Aゴルフ場は平成4年、競売されてしまいました。預託金3000万円を支払ってAゴルフ場に入会していたBさん（個人正会員）は、せめて税金を安くしようと思い、この会員権をBさんの個人会社C社へ安く売ったことにして差損を出しました。

【結論】

税務署は、このBさんの会員権売却による節税を認めませんでした。現在のところ、個人がゴルフ会員権を売って損を出した場合、差損を所得から差し引くことができるのが原則です。しかし国税庁は、競売で新所有者が登場してから慌てて売却した形をとったときは、会員権の本質であるプレー権消滅後の売却損であるとして、節税を認めなかったというわけです。

や不良債権の処理で税金を安くしていることをヒントにして、手持ちの安くなった額面の高い会員権を売却し損を出して税金を安くすることをしています。サラリーマンの場合は差損を申告すると、支払済みの税金が戻ってきます。今のところ、プレーのできている、まだ倒産していないゴルフ場の会員権をまともに市場で売却し、名義変更して本当に差損が出れば節税できます。しかしゴルフ場が競売されてから身内に売却した形をとったり、名義変更の手続きを取ってなかったり、単に形だけ売却している例が多いようなので、税務署はかなり厳しくチェックしています。なぜなら、売却損を出す形を作るため、例えば同じゴルフ場の会員3人、甲・乙・丙が手持ちの会員権をグルグルと同じ値段で売却し合い（つまり甲→乙、乙→丙、丙→甲）しかもゴルフ場への名義変更料を節約して名変手続をしないような例もあるわけです。

会員権を売って儲けが出れば、キャピタルゲイン（＝値上がりによる利益）に対して税金をかけられるわけですから、逆に損が出れば税金が安くなったり、戻ったりすることは当然のことだとは思います。所有資産の評価が低くなった場合、損をきちんと表に出して節税するのは逆転の発想ですが、損を出すにはきちんと会員権市場で売却手続を行い、名義変更手続もきちんとやってほしいと思います。

【事例】

Aさんは、トム・ワトソン設計のBカントリークラブに入会しました。ところが、入会後2年経つと(1)会員数が数千人にまで増え、(2)ビジターの土日利用には制限がなくなり、(3)ジーパン・Tシャツの利用者が増えてしまい、クラブの雰囲気が激変しました。

【結論】

ゴルフ場の会員募集のパンフレットは、皆その会員権が欲しくなるように作られています。そしてパンフレットを示して入会してもらうのですから、パンフレットに書かれていることは原則として約束内容になるので、(1)から(3)の約束違反があれば、入会契約を解除できます。でもBカントリークラブのようなコースの場合は、預託金が戻るようなゴルフ場ではないと考えた方がいいでしょう。

会員は公称の数倍、ビジター制限もなく風紀は乱れる一方、高級感も喪失…こんなコースなら会員を辞められる?

便利でいいコースなのに、何か随分安いなぁ、そう思いながらも買った念願のゴルフ会員権。ところが、どうも公表数の何倍もの会員がいそう…だって、土日は全然プレーできないんだから。

会員になる前に経営が健全かよく見極めたいもの

この事例で紹介したケースは、バブル期の預託金制ゴルフ場の中で、経営者のモラルが強く問われる典型例です。資金繰りに苦しみ、会員権を乱発し、最後はゴルフ場の運営権まで担保に入れてしまい、ヤクザに乗っ取られていった最悪のケースです。フタを開けてみたら限定1000人会員のはずが、5000人以上会員がいたというわけです。

Bカントリークラブはバブル絶頂期、トム・ワトソン設計のグレードの高いゴルフ場であることを売り物にして高額募集をしたものです。オープン当初はメンバーシップを強調し、ブレザー着用を徹底したり、ビジター利用も会員同伴を要求したり、高級メンバーシップを指向したようです。

バブル崩壊とともに預託金返還時期の到来を待たずに、金融債務（いわゆる町金融）が膨れ上がり、手形や会員権を乱発するお定まりの転落コースをたどりました。そのような状況に

なると、全国の暴力団や金融ブローカーが目を付けるのです。あっという間に安い会員権が市場にばらまかれ、会員数は激増し、ジーパン・Tシャツの利用者が増えるのは当然の成り行きでしょう。会員が頭にきて約束違反で契約解除の裁判を起こしても、判決が出る頃には運営会社がコロコロ替わってしまうのです。新しい運営会社は、商売には熱心なのですが、預託金のことは知らぬ存ぜぬの一点張り。そればかりか、運営協力金などの名目で年会費を要求したり、払わない会員はメンバーフィでプレーさせないなど、かなり勝手なことをやるのです。高い入会金、預託金を払って入会した原始会員からすると、ひどいゴルフ場が増えています。会員の無関心は彼らの無法ぶりを助長するだけです。

【事例】

Aさんは Bゴルフクラブに入会して毎年3万円の年会費を払っていました。ところがBゴルフクラブの予約が取りにくくなり、会員名簿も発行されないので、2年間年会費を払わなかったところ、Bクラブから除名通知が送られてきました。

【結論】

ゴルフ場入会契約では、ゴルフ場が会員のプレー権などを認める代わりに、会員には会則を守り、決められた年会費を支払う義務があるとされています。この年会費支払義務を会員の基本的な義務だと考える立場から、これを2年も怠って、しかも請求をされても支払わない場合、除名が認められた判決が出ました。しかし……

正会員なのに予約が取れない…だから年会費は未払い…結果「除名」とは酷すぎる？

買ったときには超高値だったホームコース。その頃はゆとりのクラブライフが満喫できた。ところが今ではメンバーよりビジター優先。せめて預託金ぐらい返還して欲しいものだが…

預託金を返してもらうために除名を望む会員…!?

会員権の値段が右肩上がりに上昇していた頃、ゴルフ場の年会費はゴルファーである会員にとって安いものでした。例外的に年間数十万円というゴルフ場もありましたが普通は年間2～3万円程度ですから、だんだん時価が上がっていくゴルフ場の会員としては「必要経費」と感じられたのでしょう。でも昨今のようにピーク時の10分の1から20分の1に値下がりしたゴルフ場のメンバーからみると、事情は変わっています。かなりのメンバーが購入した値段以下の会員権を抱えている現状では、プレーもろくにしないメンバーコースの年会費は重い負担に感じられることでしょう。しかも入会するときは少数の選ばれたメンバーライフを売りにしていたのに、オープンし、バブルがはじけてみればパンフレットのイメージと違うゴルフ場が数多いのも事実でしょう。会員名簿を発行しなかったり、ビジターの予約を優先したりするという話はよく聞こえてきます。他方ゴルフ場側から見れば、プレーしようとしまいと固定のメンバーから集金できる年会費は魅力的な収入なのです。会則の定め方やゴルフ場の運営実態からみると、良いか悪いかは別として、年会費はゴルフ場側の売り上げとなっている場合がほとんどといっていいでしょう。

裁判所はこれまでの通常の考え方に従って、会則によって支払義務のある年会費を請求しているにもかかわらず2年以上払わないメンバーはメンバーとゴルフ場会社（クラブ）との信頼関係を破壊したものとして除名することを認めてきました。メンバーとゴルフ場の関係は継続的な関係ですから、1回年会費を不払いしたらやめさせてもいいとは言えなかったわけです。

ところでもう少しよく考えてみますと、除名すると預かっていた預託金を返さなくてはならないはずですね。預託金を返してもらうために「除名」をして欲しいというメンバーも現れたりするおかしな今日この頃です。もう1度年会費とは何かよく考えてみる必要がありそうですね。

脱税がバレて裁判で実刑判決に…でも、そのことが原因で会員制コースから除名なの？

「名門」「一流」といわれる施設ほど体制は閉鎖的。取り決めなど、言ってくることはいつも一方的。もちろんそれは、ゴルフ場に限ったことではない。しかし、それがまたステータスとなってるのかも…？

【事例】

Aさんは株主会員制のSゴルフクラブの会員ですが、法人税法違反で有罪が確定してしまいました。Sゴルフクラブで理事会を開催したところ「クラブの名誉を傷つけるなど会員として好ましくない行為をした」として、Aさんを除名してしまいました。

【結論】

地方裁判所は『除名はやむを得ない』と判断しました。しかし高等裁判所では『除名を無効』としたのです。その理由は『会員はゴルフクラブ（会社）に対し、会員として好ましくない行為をしてはいけないが、法人税法違反はゴルフ場入会契約上の信頼関係を破壊するするほどのものではない』というものでした。結論的に裁判所はAさんの除名を認めませんでした。

脱税が名誉を傷つけたかは不明だが基本的な国民義務の放棄は確か

Aさんは日本有数の株主制の名門Sゴルフクラブのメンバーでしたが、いわゆる脱税を理由に実刑判決を受けたのに、刑務所に入らないで逃亡したことがSゴルフクラブで問題にされたようです。もともと会員制のクラブは閉鎖的な性格をもってスタートしたものといわれています。メンバーを限定するということは、どうしてもそこに部外者や異質者を排除する傾向が出てきます。21世紀の今日、アメリカで黒人や女性を入場させないクラブがまだ存在することが話題になっているくらいです。タイガー・ウッズが発言しないと、そのようなクラブが減らないほど、過去の伝統や因習を変えることは難しいのでしょう。

　地裁判決は、会則の18条の除名事由「クラブの名誉を傷つけるなど会員として好ましくない行為」とは、(1)ゴルフ場の内部で行われたか(2)行為とクラブの間に関連があるか、を問わないで、クラブの目的性格を阻害するものであれば除名に値するとして、除名を認めてしまいました。しかし、高裁では逆に、Aさんは悪質だが、その事実はクラブ内ではほとんどのメンバーが知らなかったこと、脱税犯は殺人などの犯罪とは違う面があること、そしてAさんの行為はゴルフ場施設の快適な利用を著しく困難とするほどの不快感を与えるものではないことなどから、除名を無効としました。

　スキャンダル報道が加熱している今日、Aさんの行動がマスコミでどの程度取り上げられたかによって結論が変わりそうだし、また脱税を国民の最も基本的な義務違反と考えれば、おのずと判決も変わりそうです。メンバーとしては、いわゆる「事件」は起こさないにこしたことはありません。

【事例】

Aさんは H カントリークラブに入会してから、10年以上1度もプレーをしていません。年会費も請求がないので10年以上支払っていませんでした。ところが、ある日ゴルフ場に問い合わせたところ、もう会員ではないといわれてしまいました。

【結論】

時効というものは「権利の上に眠るものは保護されない」という不思議な制度です。プレーをしなくても毎年年会費を払っていれば、会員権に基づく権利が時効にかかるわけはありません。しかし、世の中に眠っている会員権は数多くあるらしく、会員権価格が上昇すると時効で争うゴルフ場が増えるわけです。

会員権にも時効があり、年会費滞納につきもう会員ではなくなったってどういうこと？

「時効」というと、グリコ森永事件や3億円事件、赤報隊事件などが頭に浮かぶ。ゴルフ会員権を連想する人はまずいないだろう。でも「消滅時効」は大いに関係があるらしいのだ。

権利の上に眠るものは保護されない

時効といいますと、最近ではサッチーの公職選挙法違反の話題でワイドショーを賑わしていたことがまだ記憶に新しいですが、これは刑事裁判での公訴時効の話です。殺人では15年、3億円事件（窃盗）で7年、でも海外に行っているとその間時効は止まるというものですね。民事でも、他人の土地を20年以上自分のもののように使っているとわがものにできる、という「取得時効」と、5年とか10年の長きにわたり払わないでいると借金でもチャラにできることがある「消滅時効」の2つがあります。土地の所有権や貸金の請求権という立派な権利があるのに、それを長期間行使しないで別の秩序ができあがってしまうと、その秩序をひっくり返さないようにする不思議な制度です。世の中の権利関係は、波風の立っていない平穏に見える状況であれば、それを信頼していろいろな人がその状況の上に次々と積み重ねていきます。だから、あとから土台になっている積み木を取り除こうとすると多くの人々が迷惑するというわけです。

ところでゴルフ会員権にも時効の問題が発生するのでしょうか。通常の場合、会員が時々プレーをしたりするなど権利を行使していますし（権利の上に眠っていないということです）、ゴルフ場側も会報や事務連絡を送付したり、年会費を受け取ったり、会員名簿に載せるなど会員の地位を認める行為があるので、消滅時効が成立することはほとんどないようです。でも、ある事件で最高裁は「預託金制ゴルフクラブの施設利用権の消滅時効は、ゴルフ場経営会社が会員に対しその資格を否定して施設の利用を拒絶し、あるいは会員の利用を不可能な状態としたようなときから進行する」として、理論的には一定の場合の会員のプレー権に時効成立があり得ることを認めました。年会費はきちんと払っておいた方がいいですね。

【事例】

大手電鉄会社系Aゴルフクラブでは、平成2年クラブハウス新築などの費用に充てるため、名義変更による入会者から500万円の預託金を預かってきました。そのためか、会員権相場も数百万円値下がりしています。会員たちは財産権侵害を理由に提訴しました。先例では、必ずしも会員の訴えが判決で採用されるとは限らない状況でした。

【結論】

裁判官は法廷で、口頭だけの話でしたが、Aゴルフクラブの名義変更に伴う預託金制度の新設が、会員たちの財産権を侵害する疑いについて、正面から否定せず、一定の理解を示す発言をしました。その結果Aゴルフクラブは、この名変預託金制度を全廃せざるを得ませんでした。たくさんのお客さんに電車を利用してもらわなければいけない、大手電鉄会社を親会社に持つゴルフ場である故の悩みでしょう。裁判官も、ゴルフ場側の痛いところをついて強力に和解をリードした結果、紛争を解決したわけです。

クラブハウス建替のための資金集めが相場を下落に…これって会員の財産権の侵害？

家電製品は10年経つとなぜか次々と壊れる。エアコンにテレビ、冷蔵庫と莫大に出費がかさむ。当然、家も年月を経るとともに老朽化してしまう。リハウスは気分のいいものだ…がその方法に難あり？

家電などと違って大きな建物なら資金も桁違いなのは分かるが…

日本のゴルフ場の多くは、会員の方々から集めたお金によって作られています。今、問題になっている預託金制のゴルフ場が、日本には2000くらいあります。新しいゴルフ場はもちろん、古いゴルフ場でも、年月を経たクラブハウスを新築したり、ベントの1グリーンに大改造したりして、大きな資金が必要な場合があります。その場合、新たに会員を募集すると会員数が増えるので、ゴルフ場としてはできるだけこれを避けたいわけです。そこで会員数が増えないよう、会員権譲渡や相続による名義変更時に、新規の入会者から、譲渡退会時には返還する約束で、いわゆる名変預託金を預かるゴルフ場が増えてきました。かなりの名門ゴルフ場でもこのやり方が採用されています。ただ問題は、会員権市場は敏感ですから、買い手の負担する名変預託金額に相当する金額だけ相場が下がることになりやすいのです。そうするとゴルフ場会員から、会員権の相場を下げるような新しいシステムを採用するのは、会員の財産権の侵害だとクレームが付きやすいわけです。

この事件は「信用」を重んじる大手電鉄系ゴルフ場だったため、名変預託金制度を全廃したようです。理論として裁判で争うと微妙なところでしょう。バブル崩壊後のゴルフ場を巡る最近の裁判の傾向からすると、必ずしも会員側に有利な判決になるとは限らない状況があるとは思います。このゴルフ場では、会員がメンバーの会を結成して会員の声をまとめ、その団結の力を背景に裁判を起こしたわけです。そして裁判官から紛争解決のきっかけとなる強力な「教育的指導」的な発言を引き出したところがポイントです。会員側の作戦勝ちといったところでしょう。裁判官も、早期紛争解決のため、対立する双方の利害得失や強み弱みをつかんで、バランスのとれた紛争解決をリードしてくれると気持ちが良いものですね。

ゴルフ場から一方的に会員権を3枚に分割されてしまったのですが…

事例

私はバブルの末期に、
2000万円のローンがつくというので、
あるゴルフ場の会員権を買いました。
ところが先週、いきなりゴルフ場から会員権を
3枚に分割したとの通知が来たのです。
私の持っている会員権を、ゴルフ場が勝手に
3枚に分割することなんてできるのでしょうか。
ちなみにそのゴルフ場の会員権相場は、
今では200万円を切っています。

解説

誰であっても、あなたが購入してプレーしている会員権を、あなたの同意なく勝手に分割して3枚にすることはできません。これはあくまでゴルフ場側のお願いにすぎないのです。

ゴルフ場側は、おそらく同時に預託金の据置期間の延長決議をしているずです。延長の不利益を補うため一部を市場で売却できるようにした、というのがゴルフ場の説明で、時々延長を認める判決も出ています。

　しかし、残念ながらまたそれで会員権相場が下がるという悪循環になっているのが現状です。

この悪循環を断ち切るためにもアイデアを求めて、ゴルフ場と話し合いをしてみてはいかがでしょう。

改めてゴルフ会員権について真剣に考える時期に来ているのではないでしょうか。

まだまだ起こっている
Trouble × Problem

本人の同意も得ずに「預託金返還せず」の決定が！従わなくてはいけないの？

事例

私が入会しているゴルフ倶楽部の会員権の預託金据置期間は10年でした。昨年、期間満了にともない退会届を出して返還請求をしましたが、理事会で延長・会員権分割が承認されたので返還には応じられないといわれました。会員の70%の同意があるというのですが、私は同意してません。それでも理事会の決定に従わなければならないでしょうか。

解説

返還期間の延長を有効とした判例も出てきていますが最高裁はありません。

据置期間10年間との約束で預かったお金の返済期限をゴルフ場側が勝手に延ばすことはできない、と言われてきました。

ゴルフ場の預託金はゴルフ場建設資金に充てられています。昨今は大銀行が簡単につぶれる時代ですから、期限が来たからといって返還請求順に返金してゆけばゴルフ場が倒産するのは目に見えてます。そうなると会員権の本質である会員のプレー権までなくなることになるのです。そこでゴルフ場の預託金は普通のお金の貸し借りと違うのではないかという新しい考え方が登場しました。最近では一部の裁判所で延長決議を有効とした裁判所で延長決議を有効とした裁判例も出始めました。早い者勝ちをめざす一部の会員の預託金と全会員のプレー権のどちらが大切かという問題になってきたようです。

同じ会員にマナーを注意され除名騒ぎに！どうすればいいの？

事例

ある冬の朝ホームコースでのこと。
トップスタートの私は5番ホールで
尿意をもよおしました。
6番グリーン横のトイレまで
我慢できそうになかったので、
その場で立ち小便をしてしまいました。
たまたまこれを見ていた会員から、
除名をゴルフ場に申し立てられて困ってます。

解説

生理的な問題でも時と場合によっては、除名の可能性が…。

英国のリンクスのゴルフ場にはトイレがあまりないそうです。極寒のスコットランドでウイスキーをなめながら男だけでマッチプレーを楽しむゴルフでは、こんなことは問題にされません。

ただ女性がいる場合などTPOによって話は変わります。やはり見る人に嫌悪感を与える可能性のある行為ですから、理事会や委員会で審議されると除名等の処分が出やすい傾向があります。ただ立ち小便はマナーに反するとはいえ、生理的な問題であるうえトイレの数が少ないなどやむを得ない場合もあるので、裁判になれば結論は分かれます。でもだれもいい感じはしません。
体調を整えてプレーしましょう。

第2章

ゴルフ場で起きていた驚きの事件

「えっ、うそー」…聞いてビックリ、事実とはまさに驚きの連続。まさか…と思っていた油断の隙を

付いて起こる事件の数々。

ゴルフプレーをしていない状況下においても、ゴルフ場では、事故あり、詐欺あり、盗難ありで、さらには結構信じられないような珍事件までが起きている。

紳士・淑女の社交の場なのに、なんとも嘆かわしい事態である。

【事例】

シングルプレーヤーAさんはたいへんゴルフが上手なのですが、アプローチが苦手でした。芝の上で練習するのが一番というゴルフ雑誌の記事を読んだAさんは、毎晩近くのBゴルフ場に忍び込んで、アプローチの練習をしていました。

【結論】

Bゴルフ場のプロが、芝のはげ方が不自然なので夜見回りをしていると、Aさんが月明りのもと熱心にアプローチの練習をしているのを発見しました。でも、プロはその行為を咎めずに一緒になって練習を始めました。…という話は、実際にあった出来事です。
でも、もちろん法律論としては、ゴルフ場は他人の私有地ですから、Aさんの行為は違法性ありと言われかねません。

ショートゲームこそ本コースでの練習が一番…とはいえ「空き巣ゴルフ」はいけません！

ゴルフ場が住まいのすぐ側にある…そんな人なら、一度や二度は夜中や早朝にこっそりコースに忍び込んでボールを…なんていう衝動に駆られたことはあるだろう…でもそれはいけないこと。

いくら裁判で無罪になっても違法性は高い

「ゴルフの聖地セント・アンドリュース・ゴルフクラブのオールドコースは、全英オープンのテレビ中継では全世界の注目の的になる世界最高のゴルフ場で、なかなか一般の人々が入場できないと思われています。でも土地は町のもので（パブリック）普段は一般の人々が犬や子供を連れて散歩しているという話もあります。日本でも借地のゴルフ場が多いので、地主さんたちが我が物顔でコースに出入りしてることもあるかもしれません。またゴルフ場内を公道が通っていて、夜もゴルフ場そのものを閉鎖できないところもあるようです。もともとゴルフ場の広大な土地を全部閉鎖することは不可能というべきです。むしろ地域や自然と一体となったゴルフ場こそ、これから21世紀とともに発展していくゴルフ場だと思います。ただゴルフコースそのものは、所定の料金を支払ってエントリーした人だけがプレー可能なところですから、いかに練習とはいっても所有者や管理者に無断で出入りして練習するのは許されません。どうしても芝の上で練習したければ、練習場の球拾いやキャディのアルバイトをした上で、ゴルフ場の許可を取ってからやった方がいいでしょう。昔「一厘事件」といって、当時の値段1厘（今の10円くらいでしょう）の葉タバコについて裁判で犯罪が成立するか争われたことがあります。今では「可罰的な違法性」がない行為は犯罪にならないという考え方（処罰に値する行為のみが違法性を持つ）も出てきましたが、ゴルファーが長くて辛い裁判のあとで無罪になってもあまり得はありませんよね。

【事例】

昨年正月、東京近郊の名門Aゴルフ場会員のBさんは、プレー後お酒を少々飲み過ぎたのに、自分で車を運転して帰途につきました。ところが高速道路は大渋滞で、ついうとうとしたBさんはCさんのワゴン（新車）に追突してしまいました。

【結論】

道路も混雑していたうえ、Bさんが名門Aゴルフ場の会員ということで、2人は後日保険会社を入れて協議することにしました。しかしCさんの買ったばかりのワゴン車は大修繕が必要となり、もっと悪いことには、Cさんにはムチ打ちの症状が出て、ゴルフができなくなったので、CさんはBさんとAゴルフ場を訴えました。酒酔運転による交通事故厳罰化の時代、BさんとCゴルフ場は多額の示談金をとられました。

プレー後の1杯のビールは最高に美味しいのは分かるけど飲酒運転だけは絶対に慎もう！

ゴルフコンペに付き物なのが表彰パーティ。ゴルフの後のビールは、また格別に美味いもの。車の運転が控えていることは分かっていてもついつい『もう1杯』が重なる…。でもそれは危険！。

飲んだら乗るな飲むなら乗るな、を忘れないこと

正月早々、CさんはBさんの飲酒運転によって新車を失ったばかりでなく、ゴルフのできない体になってしまうという大損害を受けたわけです。Bさんに飲酒の機会を作り出したAゴルフ場も被告として裁判を起こしたい気持ちはよく分かります。

スコットランドからアメリカ、そして日本とゴルフが広まるに

つれて、ゴルフが悪く変わっていったといわれていますが、その中で「接待ゴルフ」とか「緑の待合」というのがあります。1日がかりでゴルフ場に行き、会社の経費で朝から飲酒して高級料理を食べるなど、とくにバブル時代に特殊な日本の「ゴルフ文化」が「発達」しました。ゴルフ発祥の地・スコットランドでも、寒さをしのぐためにゴルフプレー中ウイスキーは手放せなかったといわれていますから、ゴルフ場での飲酒自体を非難するわけにはいかないでしょう。しかし時代は変わり、酒酔運転等による事故の重罰化の傾向は明らかです。2001年12月施行の改正刑法に危険運転致死罪が新設され、最近では懲役13年の判決も出ています。ゴルフ場の関係者が、Bさんがいつも飲酒運転をすることを十分に知りながら、強力に飲酒を勧めるなど特別な事情のない限り、ゴルフ場を被告にするのは筋違いになる、というのは甘い考えになってきました。同乗者も業務上過失致死傷罪の共犯にされかねない時代です。また、Bさんはいくら正月とはいえ、交通3悪の1つである飲酒運転をして大事故を起こしたのですから、厳しくその責任を追及されることを覚悟しなければなりません。新車1台分くらいなら何とか金銭解決が可能ですが、Bさんが死亡したり植物人間になってしまえば、莫大な請求がくるだけでなく、交通刑務所行きになることもあります。ゴルフコンペの帰り道、ゴルフの疲れと1杯飲んでのホロ酔い気分で、居眠り運転が多くなっているようです。でも、事故を起こすとゴルフができなくなりますよ。まさに「飲んだら乗るな！」なのです。

愛人に正会員の妻の名を語らせて
メンバーフィで安くプレー…
これって詐欺行為?!

ビジターフィとメンバーフィでは格段な差がある。土日ともなると、4倍、5倍の違いにすらなる。だからといって、メンバーのふりをするのはNG。お婆さんに化けた狼だって最後は裁きを受けるのだ。

【事例】

バブル紳士Aさんは、妻Bと一緒に投資で購入したCゴルフ場の正会員権を2枚持っていました。そのうちAさんは妻と不仲になり、銀座の美人ママDと毎週Cゴルフ場でプレーをするようになりました。ケチなAさんは、Dママを妻Bと偽って、プレー代を安くしていました。

【結論】

正会員の場合、ゴルフ場のプレー代（グリーンフィ）はないことが多く、あってもビジターとは比較にならないくらい安いはずです。バブルがはじけてメンバーの特典がどんどん減ってはきましたが、Aさんはゴルフ場を欺いてプレー代を安くしたわけですから、マナー違反どころか、詐欺罪にもあたる可能性があります。

ゴルフは嘘や偽りはタブーの紳士のスポーツ

バブルがはじけると、オトコの遊びもスケールが小さくなるのでしょうか。フロントで顔写真をチェックするゴルフ場は少ない（会員証に顔写真が入っているゴルフ場はあります）ので、このようなことが時々あると聞きました。でも、キャディバッグの名札まで替えることはないため、偽名がばれてしまうのでしょうか。土日祭日のビジターフィは、東京近郊ではまだまだ高額ですが、支払いをするオトコとしては、メンバー扱いなら数万円助かることになるわけでしょう。

ところで、刑法246条は(1)「人を欺いて財物を交付させた」り(2)「人を欺いて財産上不法の利益を得た」場合、詐欺罪が成立する（10年以下の懲役）としています(1)は普通の詐欺罪の類型（財物をだまし取る）です。(2)は詐欺利得罪といって、他人を欺いて勘違いをさせ（これを錯誤といいます）その結果欺かれた人が何らかの行為（これを処分行為といいます）をして、それにより財産上利益が発生した場合に成立します。例えば詐欺賭博を想像してみてください。インチキ賭博の方法で客をだまして、寺銭や掛け金の名目で客に借金を負担させたような場合に、詐欺利得罪が成立するわけです。AさんはDママを正会員である妻Bと偽って安くプレーさせたわけですから、詐欺利得罪にあたる可能性はあります。昔のゴルフ場なら、すぐAさんは除名処分になったでしょう。でも現在では、除名すると預託金を返さなければならないと考えて、除名を思いとどまるゴルフ場が多いのではないでしょうか。

ゴルフは紳士のスポーツです。偽名のプレーなど、ケチなマネはやめましょう。

【事例】

Aさんはゴルフ場フロントで貴重品を預けようとしましたが「貴重品ボックスがあるので、そちらをご利用ください」といわれ、貴重品ボックスを利用することにしました。Aさんはボックスのキーを上着のポケットに入れてプレーしましたが、プレー後、上着を脱衣カゴに入れたまま入浴してしまいました。入浴後、貴重品はなくなっていました。

【結論】

AさんはBゴルフ場の責任を追求して損害賠償請求の裁判を起こしました。しかし、裁判所はBゴルフ場について、ボックスのキーは使用者であるAさんが終始保管していたため、Bゴルフ場の意思とは無関係に自由に保管物の出し入れをできることを重くみて、貴重品を預かった場合の契約上の責任も、不法行為上の過失責任も認めませんでした。

プレー後の入浴中は要注意！施錠した貴重品ボックスでもそのカギを盗まれれば「ただの箱」

「紳士・淑女のスポーツ」が大前提のゴルフ。だから1本何万円もするクラブがぎっしり詰まったキャディバッグなども結構無造作に置いてある。でも、これがいるんです。…不届き者は何処にでも。

本当に貴重な物はフロントに預けるかコースに持参しない

ゴルフ場での盗難事故のことなど、あまり考えたくありませんよね。でもゴルフ場やゴルフ練習場へ行くと、よく「近隣のゴルフ場などで盗難事故があります…」という掲示があります。ということは、やはりゴルフ場も旅館や公衆浴場と同種のものと考えなくてはいけないのでしょうか。

本来なら紳士淑女のゲーム

としてのゴルフを楽しむべきゴルフ場で、泥棒が出入りすることを前提にシミュレーションをしなくてはいけないのは残念というほかありません。本件では、(1)キーには入浴中に携帯できるようなゴムバンドなどがなく、(2)脱衣所に監視員は配置されておらず、(3)貴重品ボックス内物品についてゴルフ場は責任を負わない旨の掲示はありませんでした。その意味では、出入り自由な脱衣場で客を装った泥棒が貴重品ボックスのカギを簡単に入手できるような状況を、ゴルフ場が作り出していたとの見方も十分に成り立つと思われます。

しかし、裁判所は「ボックスのカギは使用者であるプレーヤーが終始保管しており、ゴルフ場の意思とは無関係に自由に保管物の出し入れをすることができる」以上、「プレーヤーとゴルフ場との間で本件財物についての寄託（預かること）契約が成立したということはできず」しかも、「ゴルフ場に過失があるとはいえないから、不法行為も成立しない」と判断しました。

最近はフロントで貴重品を預からず、貴重品ロッカーの利用だけのゴルフ場も増えていますが、この判例が出てからキーに携帯用ゴムバンドが付けられたり、暗証番号ロッカーの導入や、キーと暗証番号の組み合わせなど、様々な工夫がゴルフ場側でもなされています。しかしゴルフをやるのに大金を持参しない方が安全であることは間違いありません。特にこれからはゴルフ場もリストラで、セルフプレー中心になるような時代ですから…。

最終ホールのセカンド地点で観戦中ボールが頭に！全治3週間のこのケガは誰のせい？

【事例】

Aさんは、B社がCコースで主催するプロゴルフトーナメントに出かけました。18番ホールの左ラフで観戦中、Dプロのティショットが、いわゆる引っ掛けボールとなって、300ヤード先にいたAさんの頭に当たってしまいました。Aさんは全治3週間のケガをして救急車で運ばれ入院してしまいました。

【結論】

Aさんは、ボールを曲げたDプロとトーナメント主催会社B社とCコースのそれぞれに損害賠償を求め、裁判を起こしました。その言い分は、(1) Dプロは技術がないためボールを曲げた過失がある、(2) B社とCコースは、ボールが曲がりやすい設計の18番ホール左側のラフに適切な事故防止の処置をとらなかった過失がある、というのです。Aさんの訴えは、B社が若干の見舞金を払うことで取下げになりました。

スポーツのライブ観戦は常に危険と隣り合わせ。球技でボールが観客席に飛び込むのは当たり前。国技の相撲だって迫力のある土俵回りほど危ない。でも、そんな近距離の臨場感とド迫力が堪らないのだ。

打球の行方には十分注意をして観戦する義務もある？

確かに実際のトーナメント会場では、プロの打ち出すティショットはギャラリーの人垣の上の空気を切り裂いて飛んでいきます。これがアベレージゴルファーであれば、同様の状況下でドライバーを振り回し人にボールを当てたとなると、過失というより故意に近いものがあるといっても良いくらいの危険な状況でしょう。でもトーナメントでは、プロのショットの曲がり方によって、裁判を起こされたり犯罪者にされてしまうというのでは、ファンを魅了するようなハイレベルの戦いは見せられません。プロ野球でも、観客にボールが当たった場合、ホームランなら問題がなくて、ファウルであれば打球ミスだから過失だという考え方は、いくら法律家が無粋な人たちであってもとらないところです。しばらく前にスピードウェイでのモーターカーのレース中、最終コーナーでスピンしたレーシングカーが空中に舞い、コーナーで金網越しに観戦中のファンに激突した痛ましい事故がありました。この時ファンの遺族が亡くなったレーサーの遺族とスピードウェイの所有会社を裁判で訴えたことがありました。高速コーナーは、観戦のポイントといえば最も良いとされているところですが、逆に言うと最も危険なポイントでもあります。

　しかし、レーサーは与えられた条件の中でテクニックを駆使してパフォーマンスをすることが仕事なのです。その結果がどうであれ、プロとしてのプレーやパフォーマンスについて責任を負わせるのは酷でしょう。プロゴルフでも同じです。タイガー・ウッズやジョン・デーリーが多少ボールを曲げてギャラリーに打ち込んでも、お客さんはそのボールの飛び方を見に来るはずです。問題はコース設定やギャラリー整理を行う主催者会社やコース側の対応です。B社やCコースは、たくさんのギャラリーが来場するのですから、状況に応じ彼らの安全を確保し、危険を防止する適切な措置をとる義務があるわけです。

　裁判官がそれを踏まえ、若干の見舞金での解決を強く勧めたのは、妥当な結論でしょう。

【事例】

Aさんは B ゴルフ場のオープンコンペに出場しました。前の晩仕事で徹夜したため体調は今一つだったのですが、逆に力まずスコアを 45、44 にまとめハンデも幸いし優勝しました。いい気分になった A さんは表彰式終了後も仲間に刺身をご馳走しました。そうしたら刺身を食べた人の多くが食中毒を起こし、入院する人も出てしまいました。

【結論】

ゴルフ場に保健所が立ち入り検査した結果、刺身を冷蔵庫から出して2時間近く放置していた疑いが出ました。このゴルフ場のレストランは専門業者に外注されていましたが、客からはそんなことは分からないことです。ゴルフ場側ではただちに当日刺身を食べたとみられる入場者にあたり、中毒症状の出た人々は直接訪問のうえに謝罪し、医療費などの実費と見舞金を支払いました。保健所に対しては今後2度と食中毒を起こさないよう徹底した管理体制に変えることで営業停止だけは免れました。
しかし、ゴルフ場としてのイメージダウンは避けられず、ゴルフ場はレストラン外注を辞め、直接管理しやすい直営に切り替えました。

徹夜明けのコンペで見事優勝 いい気分で注文した刺身料理 でも気が付けば自分も仲間も食中毒に…

数年前に多くの死者を出すなど突然猛威を奮って震撼させられた病原性大腸菌O157 今年もそんな『食中毒注意』の季節がやって来る。食べる側もせめて手を洗うなどの防御策を！

体調や気候と相談しながら安全な食事の注文を

ゴルフシーズンの到来とともに気温が上がり、食中毒の季節もはじまります。ピークは8月ですが、原因は高温が続くと細菌が急増するためです。食中毒の原因となる菌はサルモネラ菌、腸炎ビブリオ菌、病原性大腸菌（O157などはこれ）の順に多いそうです。特に魚や貝に付く腸炎ビブリオ菌の増え方はものすごいようです。35度の温度と3％の塩水があれば1個の菌が3時間で100万から1、000万個になるという新聞報道がありました。特に刺身などは、少し悪くなりかけたものが美味いなどという人もいるようですが、この細菌の増え方は恐ろしいほどです。

厚生労働省などでも緊急対策として当然のことながら「調理後や冷蔵庫から出した食事は2時間以内に食べる」ことを呼び掛けています。菌が増える前に食べてしまうのが一番のようです。つまり、「作ったらすぐ食べる」が原則なのです。お土産にする「寿司の持ち帰り」のようなことはゴルフ場側も応じませんが、やめましょう。判例でもフグ料理がよく刑事事件で有罪無罪が争われます。ゴルフ場そのものの判例ではありませんが、調理能力を大幅に超える注文を受けてしまった

場合の業者の責任を認めたものがあります。弁当屋さんがちらし寿司の折詰弁当を作るにあたって、作る能力をはるかに超える3、630食もの注文を受けてしまった事例です。入場数が遅くとも当日朝には確定しており、またハーフプレー終了後予定された時間どおり予定された人数が食事するゴルフ場のレストランではそんな非常識なことは起こり得ません。ゴルファーとしては体調や気候と相談しながら安全な食事を注文する必要がありそうです。

【事例】

池ポチャの経験は皆さんにもあると思います。この池の底に沈んで放置されたボールの話です。Aゴルフクラブでは、池越えのショートホールの池に沈んだボールを、池の清掃時に拾い集めて練習用のボールにしていました。しかし、ある時から、いつ見ても池の中のボールの数が増えません。どうやら深夜のゴルフ場内に無断で立ち入り、池の底からボールを拾い集め業者に売却している者がいるようです。Aゴルフクラブは警察に被害届を出しました。

【結論】

実際にあった話で、犯人は警察に逮捕されました。犯人は窃盗罪になります。池ポチャで池の底に放置されたボールはゴルフ場の管理下にあるものと考えられています。それが管理者であるゴルフ場側に無断で拾い集められ持ち出されているため、窃盗とされています。窃盗罪は10年以下の懲役です（刑法235条）。

ゴルファーたちの溜め息とともに池の底に沈んだ無数のボール…こっそり拾って自分のものにしてもいい？

池ポチャボールは長いこと水に漬かっていることで性能が劣化してしまい飛ばないという説もある。しかも入れた者の怨念までがこもっている。だけど新品同様で激安ならば売り物にもなる…。

ニューボールに限って何故か池に吸い込まれるもの…

池ポチャで池の底に放置されたゴルフボールは、ゴルフ場側で後日回収して、練習用ボールとして、あるいは業者ないしショップに売却されて再利用されています。買い集められたロストボールがショップの店頭で売られているのは皆さんもご存じの通りです。このロストボールが売り物になるということで、わざわざゴルフ場に忍び込んで、池の底からロストボールを拾い集めようとする人がいるのです。ゴルフボールの所有者は、本来なら池に打ち込んでしまったゴルファーのはずです。

しかし、池の底に沈んですぐ拾えないボールをわざわざ探そうとするゴルファーはまずいません。あまり時間をかけると後続組を待たせるマナー違反になります。通常はあきらめてプレーを先に進めようとします。この点から、池ポチャをしてしまったゴルファーは、そのボールはもういらない（所有権の放棄）、あるいはゴルフ場側にあげてもよい（贈与）といった意思があったからこそ、探すのをあきらめたのであろうと考えられます。その一方で、ゴルフ場側では自分達が管理するコース内の池に沈んで放置されたボールは、ゴルファーが探すのをあきらめている以上、自分達のものだと考えています。

そこで池の底に沈んでゴルファーが探すのをあきらめたボールは、もはやゴルファーのものではなく、ゴルフ場側の所有物になるとか、少なくとも管理下に入ると考えられているのです。従って、そのようなゴルフ場の所有物または管理下にあるボールを他人が無断で拾い集めて持ち出せば、窃盗ということになるのです。

世の中には金儲けのため、いろいろなことをする人がいるものです。しかしロストボールも以前は新品より安いということでよく売れたようですが、最近では海外から格安品が新品として出回るようになったので、以前ほどではないようです。

ゴルフ場駐車場で現金の盗難に!! コースに責任を問えますか?

事例

私は営業マンをやっていますので、
よく月末集金があります。
金曜日遅くの集金分は自分の車のトランクにいれておくこともあります。
毎週末私は車で郊外のゴルフ場に
出かけることにしています。
先日もいつものように車で出かけ、
1日プレーして車にもどったら、
車上荒らしにあってしまいました。
トランクに入れた集金分がないのです。
ゴルフ場に損害賠償を請求できますか?

解説

結論から言うと、ゴルフ場に物を預ける契約をしていない限りゴルフ場の責任は問えません。

あなたとゴルフ場との間に、車や車の中に置いた物について寄託契約(物を預ける契約)が成立したと言える場合は損害賠償を請求できます。そのためには、ゴルフ場があなたの車を自己の支配下において、盗まれたり壊されたりしない状態においたことが必要です。

しかし皆さんご存じのとおり、ゴルフ場の駐車場はゴルフ場側が駐車スペースを具体的に指定するわけでもなく、車の鍵も利用者が保管するのが普通です。このような場合、ゴルフ場が車や車内の物品を支配下においたと言えないので、ゴルフ場は責任を負わないのが原則です。

ゴルフ場には現金や貴重品は持参せずプレーを楽しむことです。

まだまだ起こっている

Trouble × Problem

お風呂場の脱衣場で大ケガ！安全管理に問題は？

事例

私がよく行くゴルフ場でのことです。
プレー料金が安くなったのは嬉しいのですが、
サービスも今ひとつになってきました。
先日もプレー終了後、お風呂場で着替え中に
床に落ちていたボールマーカの突起を
足で踏んでしまい、その後救急病院で
異物の摘出手術を受ける羽目になりました。
いくらリストラとはいえ、脱衣場には
常に従業員をおいて、危険のないように
管理すべきではないでしょうか。

解説

プレー終了後、ポケットによくたまっているゴルフ場のロゴ入りボールマーカー。軽いプラスチック製のものがほとんどで、コインとは異なり風で飛びやすいので、グリーン上に固定するため突起がついています。時々、家に持ち帰ったものを子供が踏むので危険という話を聞いたことがあります。法律的には、ボールマーカーが危険物と言えれば、ゴルフ場はゴルファーが裸足で歩く部分の安全管理は厳しく行うべきだ、との結論となります。逆にそれほど危険性がないとすれば、サービスの問題となるでしょう。でも子供の事故の報告や本件で外科手術が必要となる事情があったとすれば、ゴルフ場の安全確保義務は否定できないでしょう。素足で歩く脱衣場は安全管理を厳しくしなければならないというわけです。

まだまだ起こっている

Trouble × Problem

日没でホールアウトできなかったのは誰のせい?

事例

ある雨模様の土曜日、
午前11時過ぎのスタートでした。
18ホール回れるかキャディマスター室で
聞いたところ、大丈夫ですと言われたので、
4人でスタートしました。
ところが、午後、流れが悪く、
結局3ホール残して日没となり、
15ホールしかプレーできませんでした。
私たちに料金を払う義務はありますか。

解説

日没の可能性の説明がプレー前になければ約束違反になります。

ゴルフファーとゴルフ場の利用契約は、18ホールをプレーすることを原則としていると考えるべきでしょう。とするなら、ゴルフ場が18ホール回れない可能性があることを説明した場合を除き、15ホールでの日没によるプレー中止はゴルフ場側の約束違反となります。

ゴルフ場側が予測を過ったわけですから、キャディを動員するなり、ライトを提供して18ホールプレーしてもらわない限り、全額のプレー代請求はできないでしょう。プレーは全うできなかったゴルファーからお金をいただくなら、半額とか大幅割引するしかないと思われます。もちろんそのゴルファーたちの超スロープレーが原因で日没になった場合は別です。

プレー中に勃発した不運な事件

第3章

予測していない事態だからこそ
「事故」や「事件」となる。
ちょっと考えれば、そんな危険性にも気が付くこともが、

平成ゴルフ（ア）ーの事件簿

そんな物事こそ「でも、たぶん大丈夫さ」
なんて安心してしまう。
油断大敵、危険はいつも背後に忍び寄っている。
まかり間違えば、一生を棒に振ったり、死に至ったり…。
起こってからでは遅すぎる。
後悔するなら、その前に用心を。

【事例】

Aゴルフ場の4番ホールは、真ん中あたりで左に曲がっているドッグレッグホールで、ちょうどそのドッグレッグしている付近で5番ホールと接しています。その4番ホールでYさんがティショットしたところ、打球が5番ホールのフェアウェイでプレー中のXさんの右腕に当たり、ケガをさせてしまいました。

なお、4番ホールのティグラウンドからは、5番ホールを見通すことができました。

【結論】

加害者のYさんは、被害者のXさんに(1)治療費、(2)仕事を休んだことによる休業損害、(3)後遺症が残った場合にはそれによって受けるであろう損失、(4)慰謝料などの損害、を賠償しなくてはなりません。不注意で他人に損害を与えた者は、その損害を賠償しなければならないからです。

案外なさそうである打球事故は加害者に「過失」＝「不注意」があったかどうかが問われる

「ようし、ここは一発、ぶっ飛ばすゾォ～」と思い切りよくティショット。そのとたんに「フォア～～～ッ」と横でキャディさんが叫ぶ。よくある風景です。だから打球事故には十分注意を。

「まず大丈夫だろう」は危険度がまだ少しは残っているということ

案外なさそうであるのが、ホールインワンと打球事故。広いフェアウェイの上では「人」は点でしかありません。狙っても滅多に当たるはずがないのですが、時として先行の組や隣接するホールのプレーヤーやキャディに当たって、ケガをさせるといった打球事故が起こります。その中には裁判にまでなるものもあります。

冒頭の事例も実際の裁判になった例を手直ししたものです。ケガをさせたプレーヤーの責任が争われました。これについて法律は、民法が「故意又は過失に因りて他人の権利を侵害したる者は、之に因りて生じたる損害を賠償する責に任ず」(709条)としています。この裁判の場合、ボールをぶつけたプレーヤーYさんに「過失」つまり「不注意」があったかどうかが問題となりました。

結果的に裁判官はボールをぶつけたYさんの責任を認めました。判断のポイントは、4番ホールと5番ホールとが接している境には樹木が植栽されていたのですが空隙があり、その空隙を通して4番ホールのティグラウンドから5番ホールの見通しが可能であったという点でした。Yさんは5番ホールでプレーするXさんの存在を確認することが可能であり、安全を確認する義務があったのに怠り、ティショットをしてしまった点にYさんの「過失」=「不注意」があると、裁判所は判断しました。しかも、Yさんはティショットで5番ホールに打ち込んだ際、大声を出すなどしてXさんら5番ホールでプレーする人に注意を喚起しなかった点にも、Yさんの「過失」=「不注意」があるとしました。

自分のプレーするホールの見渡せる範囲内であれば、先行する組がいるかどうかは無意識のうちに注意を払いますが、隣接ホールとなると自分の技量とは裏腹に曲がってほしくないという希望的観測に甘んじてしまうわけです。だから下手なゴルファーはドライバーを使うなと裁判官は判決したのですが、どう思いますか。

日常の生活を離れて広いゴルフ場でプレーする爽快感は格別ですが、何もかも忘れてというわけには行かないのが私たちの社会生活の現実です。もっとも(1)ショットの際には周囲の安全を確認するとか、(2)ショットをそらした際には「フォア」と大声で注意を喚起するなどは、ゴルフプレーヤーにとって最も基本的なルールですから、要求されていることはそう難しいことではない(でもドライバーを使うなというのはムリでしょう)ともいえるでしょう。

【事例】

Aゴルフ場では合理化の一環として、このたびキャディさん運転の乗用カートを導入しました。カート道を作って快適でスムーズなプレーができるようになりましたが、多少アップダウンのある地形なので、ところどころ急な坂道があり、とうとう新人のキャディさんが転落事故を起こしてしまいました。

【結論】

転落事故で運転していたキャディさんと4人のプレーヤーは皆ケガをして入院しました。本件ではゴルフ場設備の一部であるカート道の作り方に問題があるとして（これを法律用語では瑕疵といいます）、Aゴルフ場はケガをした人全員に対して損害賠償責任があることになりました。運転していたキャディさんに運転ミスがあってもAゴルフ場に責任があることに変わりありません。設備の一部に瑕疵がある場合は業務に基づく災害ということになり、キャディさんのケガについては労働災害として保険の適用も有り得ます。

無理して作ったカート道路でとうとう新人キャディが転落事故！これって責任は誰に!?

近ごろめっきり乗用カートプレーのコースが増えた。ノンキャディのコースも、決して少なくない。そして増えているのが、カートによる転倒事故。せめて運転免許の義務付けぐらいは急務といえる。

増加が予想される乗用カート導入とそれに伴う事故数

全国のゴルフ場アンケート結果によると、平成14年は全国1、882ゴルフ場で労災発生件数は1、352件でした。1ゴルフ場あたりの労災事故は引き続き減少傾向にあるようですが、中には死亡事故も7件発生しています。被災者では圧倒的にキャディさんの事故が多く877件、次にコース管理者・331件が続きます。

原因でみると打球事故・２１７件、転倒など行動によるもの・７０２件、機械によるもの・２５４件となっています。これからはカート導入が時代の流れになるため、カート事故の増加が気になるところです。

日本では欧米のようにフラットで広大な土地にコースを作るというより、狭いところの山を切り刻んで無理やりコースを作り、また設計者がカート道を作ることを嫌がる傾向にあったことから、カートプレーを考えていないゴルフ場が少なくありません。しかし大手ゴルフ場法的整理などの影響から、今後はアメリカ並みのカートプレーの時代になることは明らかです。その場合、危険なカート道の作り方でコストを浮かせる経営者は、必ず、事故によって高いコストを負担せざるを得なくなることを肝に銘じてほしいと思います。運転免許のない人にカートを運転させることはもちろん、カート道の安全チェックを怠ると、被害者の死亡についての責任がかかってくると考えるべきでしょう。多少高いコストを払ってでも、また多少遠回りであっても、安全なカート道を作る（これを工作物責任といいます）ことが絶対に必要だと思います。また、これからは乗用カートによるセルフプレーも増えてきます。皆さんも運転は、ふざけないで慎重に。

【事例】

仕事もできるが、お酒もゴルフも麻雀も大好きというAさんとBさんは45歳で、同じCゴルフ場で毎週末のプレーを楽しんでいました。ある週末、徹夜明けでゴルフに臨んだ2人が17番までイーブンできたところ、事件が発生しました。Bさんがグリーン周りからのショットでトップボールを打ち、グリーンをオーバーしたとたん倒れたのです。Bさんは救急車で病院に運ばれましたが、死亡してしまいました。

【結論】

ゴルフは運動不足、体力不足の解消や健康維持のため、中高年の人々にも人気のスポーツです。格闘技や山岳・マリンスポーツに比べ、運動量は少なく歩くことが中心になります。タバコを吸いながらプレーができる為、健康面のチェックがおろそかになりがちです。しかし、山や海に近いアップダウンのあるコースをおよそ半日かけて回るわけですから、気象条件の変化（スコットランドでは1日のうちに四季があるといいます）が大きいことは忘れてはいけません。特に面白くてプレーに集中するあまり、グリーン上やグリーン周りの緊張は相当のものがあります。プレーヤーの自己責任の問題ですが、スポーツとしてのメディカルチェックが必要です。

グリーン周りのプレーが危い！ゴルフもハードなスポーツ案外多いプレー中の突然死

「ゴルフなんてたいしたスポーツじゃないよ」なんて甘くみてると、それは大きな間違い。1ラウンド約2万歩もアップダウンの野山を歩き約5〜6時間も炎天下にいるとなると超ハードだ。

ゴルフ場での突然死の8割は40〜60代の中高年

田中角栄さんは生前ゴルフが大好きでしたが、高齢になってからは、グリーンにのせるとすべて2パットということにしてパッティングをしなかったそうです。

日本のコースは打ち上げホールが少なくありません。息を切らせてグリーンに上がった後、今度は繊細な神経を使うパッティングをやるのは、激務のうえ高齢で持病をお持ちの方はやめておく方が良いということでしょう。本当は、グリーン周りのアプローチミスの方が心臓には良くないそうですが…。

　ところでゴルフプレー中の突然死の実態報告（平成10年東京都衛生局発表）では、突然死は年平均28・7人にのぼり、そのうち心臓血管に持病を抱えた中高年が60％以上とのことです。この報告では昭和59年から平成8年までの13年間にゴルフプレー中に突然死した人は全国で373名で、40〜60代が約80％占めるのです。持病については予想通り「心臓や血管に関する病気」と「高血圧」が多いといいます。

さて、この事例のBさんの突然死について、Bさんの会社や同行したAさん、そしてCゴルフ場は責任を負うのでしょうか。

　まずBさんの会社は、いわゆる「過労死」問題の対象になる可能性はあります。でも週末のプライベートなゴルフでの突然死まで会社が責任をわれることはないでしょう。会社主催の

コンペであったら、労災の問題や安全保護義務の問題は出てくるかもしれません。次に同行したAさんやCゴルフ場については、基本的にはBさんの自己責任の問題ですから、法的な問題は原則として発生しません。もちろん、救急車を呼ぶよう連絡をしたのにCゴルフ場が呼ばなかったためBさんが死亡したような場合は別です。ちなみにお年寄りがプレーすることが多いゴルフ場では、控室に血圧計をおいて配慮をしていますね。ゴルファーとしても命あってのゴルフです。もっとゴルフがスポーツであることを自覚され、メディカルチェック（脈拍や血圧）によって突然死を予防しましょう。2000年の調査に基づき、全国のゴルフ場では、急病で300人以上死亡しているとの報告もあります。

【事例】

Mカンツリークラブでは一昨年8月のある昼下がり、ラウンド中先回りをしてフォアキャディをしていたキャディさんが雷に打たれて亡くなりました。死因は落雷による感電死でした。地元警察の調べでは、キャディさんはショートホールグリーン周りの高さ約8メートルの木の下で倒れていたとのことです。

【結論】

キャディさんは勤務中に落雷という自然災害に遭ったわけですから、いわゆる労働災害（労災）扱いとなります。この件でもすぐ地元の労働基準監督署が調査して労災の適用をしたとのことです。ところで広大な自然の中でゴルフを楽しんでもらうゴルフ場には、そこでプレーするメンバー、ゲストや、そこで働くキャディさんら従業員が安全にプレーしたり働く環境を整備する義務があります。これを安全保護義務などといって、プレーヤーや従業員とゴルフ場との契約から発生する義務とされています。本件ではゴルフ場が適切な落雷対策を取っておらずこの義務を怠ったということで、亡くなったキャディさんの遺族から裁判を起こされました。

なさそうで結構ある落雷事故 ゴロゴロ…と鳴ったら逃げるが勝ち！

高温多湿の日本の夏はまさに雷の発生しやすい時季。しかも日本は、山あり谷ありの山岳地形が多く、そんなところに造られているのが、ゴルフ場である。夏の風物詩…なんていってられない「雷」にご用心！

雷鳴が聞こえた時点で危険はすぐそこに迫っていると考えよう

この事例だけでなく、やはり、Kカントリーでも落雷で大きな人身事故（死者3名、重傷者2名）が発生し、痛ましい結果が報告されています。全米オープンなど大きなトーナメントでも落雷事故は時々あり、よくテレビでも雷雲の様子を主催者側がチェックしているのが放映されています。トレビノのような名選手も落雷事故に遭ってからは、雷には大変敏感になりました。日本ゴルフ場支配人連合会は「落雷事故防止マニュアル作成の手引き」を作成し、各ゴルフ場に安全対策を呼び掛けています。スコアと人命を比較すれば人命優先に決まっています。でも、プレーに熱中されているプレーヤーであまりゴルフ経験のない人は、ゴロゴロ雷鳴がしても、プレーを続けたがるようです。ゴルフ場では、雷雲のチェックをするとともに、キャディさんたちの対応を適切にするための「マニユアル・避難方法の整備」は比較的良くされているようです。しかし、避難小屋などへの避難場所を明示したり「従業員に対する実地訓練」を行っているゴルフ場はまだ少ないようです。

　これからはリストラが進み、セルフプレーが増えてきます。ゴルフ場側としては早めに危険を察知してこれを全プレーヤーに知らせたうえ、分かりやすい避難場所への誘導を可能にしておかないと、安全保護義務違反を理由に莫大な損害賠償を請求されかねません。ゴルフ場はサービスを行う企業です。コストを切り詰めるあまり、危険な場所や環境でお客様プレーさせるわけにはいけません。また我々プレーヤーも雷の怖さをよく認識しておく必要があるでしょう。

【事例】

6月のある日、AさんたちはBカントリークラブで小雨の中スタートしました。4番ホールプレー中、突如大雨となってグリーンが水浸しになってしまいました。ホールカップにはたっぷり水が溜まり、パットもできない状況なので、Aさんたちはクラブハウスに引き上げました。帰ろうとすると、Bゴルフ場はAさんたちにプレー代全額を請求してきました。

【結論】

Aさんたちは、プレーをやめたのは自分たちの判断であったことは認めました。でも、グリーンが水浸しでパッティングができるラインが確保できない状況では事実上プレーできないのと同じだ、と主張しました。しかしBゴルフ場は、3ホールまでの中止であれば請求しない扱いとなっているが、Aさんたちは4ホール目に入っていたので規定により全額請求するというのです。Aさんたちはとりあえず請求通りプレー代を支払って帰りましたが、気持ちはおさまりません。後日、Bゴルフ場の本社と交渉しました。本社はAさんたちにプレー代相当のサービス券を交付して落着しました。

大雨のため4ホール目でゴルフを中止にしたのに全額プレー代を請求されるとはコレ如何に

日本の夏は、台風と雷のシーズン。とくに雷は晴天の日であっても突然やってきて楽しいゴルフも途中で中断、または中止にする。そんなときのプレー代金ってどうなるのだろう?

大雨はコース側のせいではないがお客はもっと被害者

ゴルフはテニスや野球と違い、雨が降ろうが風が吹こうが、原則としてプレーをするゲームとされています。仮に風雨がひどい状況であっても、ゴルフ場があらかじめクローズにならない限り、とりあえずクラブハウスまでは行って様子を見るのがマナーとされているようです。

大雨が予想される場合、グリーンのカップは雨用に水が溜まりにくい高い所に切られるはずです。またフェアウェイやラフの水溜まりは、いわゆるカジュアルウォーター扱いがルール上認められていますので、多少の雨でゴルフ場がクローズすることはありません。ただ水はけの良くないグリーンの場合、パットのラインが確保できないような雨のときは、クローズしてくれないとお客の不満は高まるでしょう。ルール上、グリーン上のボールとカップの間に水溜まりがある場合、同じ距離で水溜まりのないラインに変えることが認められています。このルールを使えば雨の日でもゴルフを楽しむことはできるのですが、ラインを変えようがないほどの大雨の場合は、ゴルフがまったく面白くなくなります。パターで思い切りボールを打っても水の抵抗でカップまで届かないのでは、ゴルフになりません。それほどの状況になればゴルフ場もクローズの措置をとるべきでしょう。一応与えられた状況の中で快適にゴルフをさせる義務をゴルフ場は負っているからです。

「規定により」というのは「ゴルフ場が一方的に決めた約款の規定による」という意味でしょう。3ホールまでにやめればゴルフ代は請求されなかったのに、4ホール目からは全額請求されることが合理的かというと問題です。しかし、このような問題は相手が天候など自然現象なだけに、約款で形式的に決められるものではないと思います。一応の目安は決めておくべきでしょうが、サービス業の原点に立ち戻ればおのずとゴルフ場側の対応も変わってくるのではないでしょうか。例えばプレー代（グリーンフィ）はなしで、キャディフィだけを請求するというゴルフ場は多いと思います。

【事例】

ある日ホームコースでプレーしていたAさんは、毎ホールごとに前のパーティがスロープレーしているように見え、イライラしていました。そして12番ロングホールでのこと。セカンドショットを先行組がなかなか打たないので、とうとう我慢しきれなくなったAさんはティショットを打ち、先行組のBさんの頭にボールをぶつけてしまいました。

【結論】

Bさんは入院して、植物人間になってしまいました。Aさんは裁判を起こされ、一生働いても返せないような高額支払の判決を受けてしまったのです。AさんもBさんも大好きなゴルフどころ話ではなくなったわけです。

いくら前の組のスロープレーにイライラしたからといっても故意にボールを打ち込むのは犯罪行為

とかく他人のプレーは遅く感じるもの。しかも待たされているときというのは誰だって実際の時間よりも長～く感じてしまう。ま、せっかくのゴルフ、焦らず、楽しく、ネ!!

銃で人を狙えば結果はどうあれ殺人罪が成立するが・・・

6～7分間隔で順番に1番から数十組がスターとしていくゴルフでは、よく前後を見ながらプレーせよといわれるように、スロープレーは最大のマナー違反です。ひと組が10分遅れると、その遅れは後続のすべてに影響するからです。プロでもスロープレーで評判の悪いプレーヤーもいるようで、トーナメント中、後続の選手が前の組に怒鳴り込むといった話も時々聞きます。ましてトラブル続きのアマチュアゴルファーでは、遅れが出ることも数多く、またテレビのトーナメント中継の影響からか、グリーン上でのスロープレーもよく見掛けます。ティグラウンドでの待ち時間が長くなるにつれ、打ち込んで驚かせば前の組も速くプレーするだろうなど物騒な会話が出ますが、冗談だけにしておいてほしいものです。それなのにキャディの了解もなく、200メートル先のプレーヤーに当るはずもないと軽信してドライバーを打つのは危険極まりない行為です。かりに先行組の誰かに当らなくても近くで音はするわけですから、ゴルフマナーをわきまえない欠格ゴルファーと見なさざるを得ません。

ところで、銃で人を狙って発射した場合、弾が当っても当らなくても殺人罪は成立します。死亡という結果が発生すれば殺人既遂、ケガだけなら未遂となります。ドライバーの場合は銃ほど当る確率も、当った場合の死亡の確率も高くないので、殺人での立件は無理でしょう。しかし、たまたま運悪く当ってケガをすれば、傷害罪か業務上過失致傷罪は成立する可能性が出てくるでしょう。ゴルフを職業としない私たちアマチュアでも「業務上」が付くのは、車の運転と同じです。危険なことを日常的に繰り返し行う点が問題で、法律ではそのような危険な行為の繰り返しを「業務」と呼んでいるからです。

新兵器で優勝はいただき!のはずが…昼食後にキャディバッグから消えていた?!

【事例】

ハンデキャップ 18 の A 君は、飛ぶと評判の M 社製ドライバーをようやく手に入れ、秋晴れの日曜日、ホームコースである B クラブの月例競技に出かけました。午前中、そのドライバーは噂どおり 300 ヤード近く飛んで、A 君は初めてハーフ 30 台を出し、このまま行けば大幅アンダーで優勝間違いなしの勢いでした。
しかし、A 君が昼食もそこそこに午後のラウンドに向け練習をしようとパターを取りに行ったところ、A 君のキャディバッグから例の飛ぶドライバーが消えていたのです。
A 君は、すぐにゴルフ場を通じ、盗難の被害届を所轄の警察に出しましたが、もちろん A 君の午後のラウンドはゴルフにならず、A 君の月例杯初優勝はお預けになってしまいました。

【結論】

A 君のクラブは、結局すぐには出てきませんでした。プレーヤーが朝キャディバッグをゴルフ場に預けてから帰るまでの間、そのゴルフ場は預かったキャディバッグとその中のゴルフクラブについて、保管者としての責任があります。したがって、仮にドロボウが A 君のドライバーを盗んだとしても、B クラブに責任があるのです。今回の事例では B クラブの付けている保険で、とりあえず A 君の損害はカバーされることになりました。これまでも時々、ゴルフ場で有名プロの大事にしているパターが、心ないゴルファーによって盗まれるという悲しい事件がありました。しかし、最近ゴルフ場でのクラブ盗難の事例報告が急激に増え、全国のゴルフ場では対策に頭を悩ませているそうです。心ない人が 中古ゴルフクラブショップなどに、何食わぬ顔で売ってしまったりしているのでしょうか。

最近、ゴルフ場でのクラブ盗難が急増中!保険で損害はカバーされるとはいえ、お気に入りのクラブが戻るわけではない。紳士淑女のスポーツに、今警鐘が…

ゴルフ場も聖域ではなくなった今、早急な対策が必要

よく、ゴルフ場でのお金の盗難やプレー終了後のキャディバッグの盗難について取り上げられますが、今回の事例は世の中の移り変わりを示すものでしょう。売れ筋のクラブだけが盗まれる傾向がはっきりしているからです。

クラブが盗まれた場合、通常は盗難保険で損害がカバーされるはずですが、気に入ったク

ラブ（特にパターの場合、その人のゴルフ人生において致命傷になりかねません）が戻るわけではありません。

これまででしたら、昼休み中カートに積んだキャディバッグのクラブは、よほどのことがない限り安全と思われてきました。いちいちキャディバッグをロッカーに入れないと安全が確保されない、いやな時代になったのでしょうか。

ゴルフ場側としては、昼休み中のカートの置き場の確保とこれを監視するシステムを真剣に考える時期でしょう。すぐ思いつくのは、キャディマスターの見える範囲にカートを配置することや監視カメラの設置でしょう。紳士淑女がプレーするはずのゴルフ場に監視カメラを導入するとは、と疑問を呈する向きもあるかと思います。しかし既にティ・グラウンドやグリーンのスプリンクラー作動チェックのためにカメラが導入されているゴルフ場もあります。また、カート化によってキャディなしのプレーも増える傾向の今日、スムーズなプレー進行と広大な敷地内での事故対策のため、監視カメラの導入はやむを得ないと思いますが、皆さんどう思われますか。

ソフトスパイクを強要され、滑って足を骨折。ゴルフ場の責任は？

事例

私は足場を固めて飛ばすことが生きがいのゴルファーで、昔風のスパイクシューズが手放せません。ところが、先日ある山岳ゴルフ場に行ったところ、ソフトスパイクでないとプレーさせないというのです。
仕方なくソフトスパイクでプレーしていたら、急斜面に敷いてあったゴムマットの上で滑って転び、足を骨折してしまいました。
こんな危険なことを強制したゴルフ場の責任を追及できますか。

解説

絶対安全を考えれば、欧米と同じ発想でのソフトスパイクの導入は危険です。

ソフトスパイクは“体によい”“クラブハウスによい”“アメリカのゴルフ場では皆使っている”ということで、あっという間に全国のゴルフ場に広まりました。確かにメリットは多く、安全性についての科学的なデータもあるようです。

しかし物事に“絶対安全”ということはなく、便利なものには必ずマイナス面があることを忘れてはいけません。わが国のゴルフ場の多くは、欧米と異なり山にあります。ですからカートやソフトスパイクを欧米と同じ発想で取り入れるのは危険です。

滑りやすい地形のゴルフ場がソフトスパイクを強制した場合においては、損倍賠償責任が認められることはあるでしょう。

仲間とラウンド中、友人のショットが顔面直撃。失明の損害賠償は？

事例

私のゴルフ仲間は、皆ゴルフ歴10年以上のツワモノです。ある日パー4で、前の組がホールアウトするや否や、友人がいきなりセカンドショットを打ちました。私は20メートル左前方で待っていたのですが、そのボールはちょうど振り向いた私の右顔面を直撃、右目を失明してしまいました。前方に出ていた私も悪いのですが、損害賠償を請求できますか。

解説

確かにマナーとしてはショットする人の前方に出てはいけません。しかしスロープレーを防ぐのも大切なマナーです。マナーの衝突があるときはどうすればいいでしょう。この場合、友人はひと言「打つよ」と声をかければ良かったのではないでしょうか。被害者にも過失が、認められた場合、賠償額は減額になります。

ところでよく似たケースで４割も被害者側の過失を認めた判例があります。打つ人の前に出てはいけないというマナーを重視したと思われます。本件でも裁判官はマナー、コースレイアウト、２人の位置関係の他、ハンディキャップや球筋も考慮するはずです。スロープレー防止のため少し前に出る時は、打つ人は必ず声をかけ、前にいる人は必ず打球を見ましょう。

雨上がりのコースで、カートが転倒し、骨折。ゴルフ場を訴えられる？

事例

先日私たち女性4人で行ったのは、
ノーキャディ、カート使用のアメリカンスタイルの
きれいなゴルフ場でした。
雨上がりでカート道が濡れていたので
私は気をつけて運転していたのですが、
坂道のヘアピンカーブでカートが
転倒してしまい、友人はカートの下敷きに
なって骨折してしまいました。
ゴルフ場を訴えられるのでしょうか。

解説

最近リストラの一環としてキャディを減らし、カートを導入するゴルフ場が激増しています。楽だし夏涼しいのでプレーヤーには好評のようですが、カート道の危険性のことが忘れられています。しかも、キャディバックがプロ用の大型のものが普及し、４人乗りカートはかなり重くなっています。日本に多い山岳コースや丘陵コースでは、坂道やガケ地が多く坂の途中に急カーブがあることも少なくありません。特に大雨や強風での転落、転倒事故は生死に関わることが多いので、ゴルフ場の安全管理責任が裁判では強く求められる傾向にあります。本件でもカートとカート道の設計や管理に問題があればゴルフ場は賠償責任を負担します。

まだまだ起こっている

Trouble×Problem

炎天下ゴルフで倒れ後遺症が！ゴルフ場に責任を問えますか？

事例

猛暑の続く日に私は仲間3人とAゴルフ場に行きました。40℃近いカンカン照りなのにB君は帽子もかぶらず黒ズボンでプレーしましたが、12番ホールのバンカーで気を失ってしまいました。キャディさんが救急車を呼ぶように無線でマスター室に連絡したのですが、なかなか連絡がとれず、その結果友人は入院が遅れ脳に障害が残ってしまいました。

解説

事故発生後の救護はゴルフ場側にも責任があるので、損害賠償請求が可能です。

まず、ゴルファーの健康管理は、ゴルファーの責任です。猛暑時の救急車出動回数でもわかるとおり、炎天下のゴルフプレーは生命にも関わるほど過酷です。また意外にも、元気なはずの若手ゴルファーより、ベテランほど暑さ対策ができているようです。

他方、いったん事故が発生した後の救護体制づくりはゴルフ場の責任です。暑さで倒れたプレーヤーは直ちに涼しいところに運び（もちろん絶対に動かしてはいけない病気もあるのですが）、救急車を呼ぶところまではゴルフ場の安全管理責任です。その体制がとられていないゴルフ場は訴えられて、救護活動の遅れによる損害賠償請求されても仕方ありません。

後続組に先に打たせたら打球事故 その責任は誰に？

事例

先日の土曜日、あるゴルフ場でのパー3ホールでのことです。前の組がつかえていたので、全員1打でグリーンをとらえていた私たちの組は、後続組に打たせようとして仲間の一人が手をあげました。ところが次の組のティショットが、グリーン右奥の深いバンカーをならしていたキャディさんに当たってしまいました。誰が責任をとるべきでしょうか。

解説

両組のキャディのチェック不足が原因です

両組ともキャディがついていた場合なら、後続のキャディのチェックが足りない点が問題になります。ですから、そのキャディとゴルフ場の責任になるでしょう。先行キャディが右奥のバンカーに隠れていたわけですから、そのキャディがどこにいるか確認するべきでしょう。またそのキャディからの指示がないのに打たせた点も問題です。

後ろの組がセルフプレーの場合は少し変わるでしょう。先行組がホールアウトしてからティショットするよう、ゴルフ場が案内していたかどうかで、その責任の所在が変わってきます。

パー3で後続組に打たせるというのは日本特有のようです。実際に危険もあるので、セルフプレーではホールアウトが原則になってきているようです。

日常にも潜む意外なゴルフの事件

第4章

ゴルフというスポーツは、
ゴルフ場だけに限定したものではない。
しかし、決められた場所で正しく行わないと、

非常に危険である。
打ったボールが当たったたけでも
大怪我を招くことだってあるんだから、
振ったクラブヘッドが人に当たったら、そりゃ大変危険で怖い話。
ゴルフを基にした甘い香りの危険な話だってゴロゴロ転がっている。
罠は、「気付きにくい」ものほど、深く暗くて、恐ろしいのだ。

つしみたい「路上での素振り」！
用心を欠いたことが招いた悲しい事件

【事例】

ある夏の日のこと、Bさんは取引先へ商品の引取りに訪れた際、入り口に置かれていたゴルフクラブ（ドライバー）を持ち出し、幅員3.14mの路上で、落ちていたタバコの吸い殻をゴルフボールに見立て、クラブを打ち下ろしたところ、たまたま自転車で通り掛かった主婦Aさん（36歳）の胸部を強打し死亡させた。

【結論】

Bさんの不注意が人1人の命を失わせてしまいました。Bさんは刑事事件で重過失致死罪で禁固1年、執行猶予3年の有罪判決を受けました。また民事事件の第1審判決では、Aさんの夫と2人の子供に対して総額4,600万円にのぼる損害賠償をするよう命じられてしまいました。なおBさんはゴルフ保険に入っており、賠償金をカバーするため保険会社に保険金の支払いを求める裁判を起こしましたが、裁判所はBさんの請求を認めませんでした。

駅のホームやバス停でよく見掛ける光景に、傘をゴルフクラブに見立てた素振りがある。思い切り振っているわけではないとはいっても周りの人にとって危険なことには変わりない。それが本物のゴルフクラブによる素振りなら…

ちょっとした不注意が重大な結果を招いてしまうことも…

　ゴルフ好き、練習熱心は結構ですが、人が頻繁に通行する路上や広場でクラブや傘で素振りをするのは、周りに迷惑をかけるエチケット違反です。ましてや、今回の事例では、降り下ろしたクラブで通行人にケガをさせて死亡させてしまいました。

　わざと他人にケガをさせれば傷害罪、殺せば殺人罪です

が、不注意でも他人にケガをさせたり死亡させたりすれば、過失傷害や過失致死といった刑事上の罪に問われます。さらに被害者やその遺族に対しては民事上の賠償をしなければなりません。交通事故の場合を想定してもらえれば分かるのではないでしょうか。ちょっとした不注意が重大な結果を招いてしまうことがあるのです。スポーツは体力の維持・増進などの好ましい結果をもたらします。反面、多少の危険を伴うものです。ゴルフボールを打つ練習なら、ネットのあるところで行うことと思います。ゴルフボールを打たない素振りであっても、クラブで殴られたら、あるいは傘の先で突き刺されたらどうなるかは分かることなのですから、人のいない場所で周囲に十分注意しながら行わなければなりません。

今回の事例ではBさんはゴルフ保険に入っており「ゴルフ練習中の事故」ということで保険金を請求しました。これに対して裁判所は、Bさんの素振りはゴルフの練習中と言うに相応しくないとして、保険会社への請求を認めませんでした。Bさんに支払能力があって被害者Aさんの遺族への賠償金がきちんと支払われれば良いのですが、Bさんに支払能力がなければAさんの遺族への補償も絵に描いた餅と言うことになりかねません。広いゴルフ場でも打球事故が少なからず起こるのですから、路上でクラブを振り回せばなおさらです。十分に注意して下さいという意味をお分かり頂けるのではないでしょうか。

【事例】

Aさんは、いわゆる握りゴルフが大好きな腕自慢ゴルファーです。ある時練習場で知り合った2人の男に誘われて、4日間のトーナメント方式で賭けゴルフをすることになりました。賭け金の少ない2日目までAさんは勝っていたのですが、賭け金が急増した最終日には、Aさんは新車のベンツと借用証まで取られてしまいました。

【結論】

Aさんはベンツを取られたうえ、不足の1000万円の借用証まで取られてしまいました。Aさんが弁護士に相談して裁判にかけたところ、裁判所は賭けゴルフの結果については助力しないとのことで、借金は払わなくてよいが、ベンツは戻らないことになりました。

握りが大好きな腕自慢ゴルファーが賭けゴルフ専門の犯罪グループにまんまとカモられた結末とは…!?

ゴルフはライバルがいるほど夢中になる。しかも同じようなレベルであるほど熱くなれる。今日は1、000円勝った、500円負けた…そう言っているささやかな遊びがまた楽しいのだが。

刑法でも例外を承認 良い賭けゴルフと悪い賭けゴルフがある

ゴルフのうまさは別として、仲間と楽しむゴルフゲームに賭け（ベット）は欠かせません。

これはゴルフの発祥と発展の歴史を見ても明らかなことです。たとえ1打100円であっても、プレッシャーの中でこそショットやパットの真価が問われるからでしょう。日本の刑法でも、原則として賭け事はすべて賭博罪の対象としていますが、やはり庶民のささやかな遊びにまで権力が介入することはできないとして、例外を認めています。つまり刑法第185条の但書は、「ただし、一時の娯楽に供するものを賭けたにとどまるときは、この限りではない」と定め、一般常識の範囲内でのささやかな賭けは合法化しています。麻雀で一切賭けることはまかりならぬといっても、世間に通用しないのと同じです。ラウンド終了後の軽い食事などやこれに相当する現金のやり取りくらいは許されるはずです。

　しかし、ベンツや1000万円の支払となると、まったく話は変わります。明らかにこれらは「賭博」罪になるものです。つまり警察が介入するケースです。私の聞いた話では、バックに金主（スポンサー）が付いている2人組

の賭けゴルフ専門のグループが、ゴルフ自慢の金持ちのカモを探しているそうです。彼らはカモを見つけると、3人で数日間、レートをだんだん高くしてプレーするそうです。そして、初めは大事なところでわざとシャンクを出したり、ショートパットを外したりして負けるそうです。賭け金がどんどん高くなるにつれて、カモの方は自分のお金が賭かるプレッシャーに負け、他方2人組は本来の力を出してくるわけです。最後には本当に数千万円が動くこともあるそうです。裁判所に訴えても、公序良俗に反する賭け金の請求は認められませんが、すでに渡してしまったベンツの返還請求も原則として認められません。これを不法原因給付といいます。皆さんもくれぐれもカモにならないよう、賭けゴルフはほどほどに！　とくに腕前に自信のある方は要注意です。

グローバル化の進んだ今、メンバーは日本人に限るだなんて時代錯誤でいいの？

水泳のシンクロに男版があったり国技の相撲に女性版があったりする昨今。女性が床屋に行ったり、男が新・中ピ連活動をしたりするかどうかは不明だが、何事も平等がいいようだが・・・

【事例】

Aさんは日本生まれの外国人です。ゴルフが好きで、有名設計家が設計した新設のPゴルフ場に入会しようとしたら、入会を拒否されました。Pゴルフ場の会則には、会員は日本人に限るとありますが、法人会員の登録者には外国人もいるようなのです。Aさんは納得できないので裁判を起こしました。

【結論】

Aさんはゴルファーとしての経歴・マナーも良く、入会を拒絶される理由は国籍によるものとしか考えられない事例でした。Aさんはアジア系の外国人だったことが影響していたようです。しかしこれだけグローバル化した世界で、国籍による差別は否定されて当然と思われました。しかし、最高裁は2002年7月18日、国籍による入会拒否は「許容範囲」と判断しました。

タイガー・ウッズがプレーできないゴルフ場もある!?

数年前、国籍による差別について、国際人権規約を根拠に憲法第14条（法の下の平等）を直接適用した勇気ある裁判官の判決が報道されました。新聞記事によると、平成11年10月15日、大阪高裁の松尾政行裁判長は、在日韓国人の元軍属らが日韓両国の法のはざまに陥り、現在まで何の保証もされていない点について

「法の下の平等を定めた憲法14条や、国際人権B規約26条に違反する疑いがある」として、国に早急な対応を強く求める判断を示したそうです。

ひと昔前の判決には、会員は日本人に限るとしていた株主会員制のゴルフ場で、外国人の入会を認めないことを許したものがありました。しかしこれだけグローバル化して世の中が変わってきたわけですから、公の機関である裁判所が国籍差別を認めることは難しくなってきたといわざるを得ません。まして日本には、憲法14条という人は生まれながらにして平等という立派な条文があります。少なくとも裁判所は、これに反して入会を認めないゴルフ場に対し不法行為による損害賠償を認めるべきでしょうし、そのような判例も出てきています。

ところで、もともとゴルフクラブの「クラブ」というものは、男たちの排他的な集まりとして成り立ってきた歴史があります。その意味では「女性を入れないクラブ」「35歳以下を入れないクラブ」「○○人を入れないクラブ」「○○人しか入れないクラブ」など、クラブは差別の歴史でもありました。しかしタイガー・ウッズが黒人を入れないクラブに言及すると、方針を変えるゴルフ場が出てくる時代です。日本でもこれだけゴルフが大衆化し、会員権が流通しているわけですから、そのメリットを受けている一般のゴルフ場では、もう国籍による入会差別は通らないと思います。他方、会員権の流通していない閉鎖的なクラブでは、独自の入会基準がまだ残されることでしょう。ちなみに日本の最高裁は、いまだにゴルフクラブでの国籍による差別を認める傾向にあります。

【事例】

Aプロは体格も良く、練習好きで有名でした。飛距離は抜群でしたが、時々左右へOBが出るのが欠点でした。あるときB社のメタルドライバーに出会い、これを使い始めてからOBがほとんどなくなって、出場する試合でよく優勝に絡むようになりました。B社はAプロをB社メタルドライバーのキャラクターにしようとしました。

【結論】

Aプロはパターを除くドライバーなど12本のクラブ提供と使用に関する他のクラブメーカーC社との契約をたてに、B社のメタルドライバーのキャラクターになることを拒絶しました。優勝争いに絡むことが多くなるにつれ、テレビでのトーナメント中継中、Aプロの使用ドライバーが毎週のように大写しになるので、Aプロは使用ドライバーの塗装を行って契約先のC社製品のように見せていました。B社もC社もそれぞれ言い分はありましたが、テレビ受けが良く視聴率を稼げるAプロに文句は言えず、この状況は、C社がAプロの希望に沿うメタルドライバーを新しく開発するまで続きました。

たった1打が何百万円もの差を生むプロの世界 当然、道具選びもシビアになるが…

自分に本当にぴったりフィットする道具に出会うことは非常に困難な話である。それは、いろんな種類のクラブを何10本も試打できるプロであっても同じこと。

あのプロが使っているだから自分も使いたい きっと上手くなれる

AプロはB社製ドライバーによって一流有名選手となることができたわけですから、B社には頭が上がらないはずです。だからB社の販売促進に一役買っても良いのではないかとも思いますが、ビジネスの世界は厳しいものがあります。AプロはC社との間でクラブ提供と使用に関する契約があり、ドライバーもC社のものを使うことが義務とされていました。さすがにパターやウェッジだけは特定のメーカーと契約しないプロが多いようですが、ドライバーはテレビに映る機会も多いので、メーカーは契約で拘束したがるようです。

他方、プロはプロで自分に合った今一番いいものを使いたがる傾向があります。Ａプロ がＣ社との契約に違反しても調子の良いＢ社製のドライバーを使いたがるのは、ある意味では当然です。この場合、Ｃ社としては有名になったＡプロのパブリシティ権（氏名や肖像が持っている財産的な価値をコントロールする権利のことです。タイガー・ウッズが高いお金を稼げるのはこの権利があるからです）をクラブ契約によって押さえていることを利用して、Ｂ社のキャラクターにさせないようにしているわけでしょう。

プロスポーツの世界では、花形プロスポーツ選手のウエアや使用ツール、使用機材などに派手なロゴマークや商標、サービス・マークが入れられています。ゴルフトーナメントでも選手の帽子やウエアの袖にこれらのマークが入っていますね。これらはスポンサーとの契約に基づいて使用されているものです。欧米では着用・使用状況やテレビなどメディアへの露出状況をチェックするビジネスも盛んに行われているようです。メディアに登場するキャラクターの関連商品が爆発的に売れる傾向は現代社会の特色でしょう。ちなみに、最近ゴルフ専門チャンネルなど衛星放送を使って海外の生映像が入ってきており、そこでは優勝者の使用クラブ、特にパターなどには人気が集まる傾向が明らかだそうです。

【事例】

A君はある日、翌日に迫ったクラブ選手権予選に備え、B練習場に出かけました。ところが、ショートアイアンを打ち始めて間もなく、A君は左ヒジに衝撃を感じると同時に青黒い物体が右前方へ飛んでゆくのを見たのです。

後ろの打席では、C君が買ったばかりの特注ドライバーのヘッドを見失って、ポカンとしていました。

【結論】

B練習場の各打席の間には、高さ30センチぐらいのネットが張ってあり、お客の打ったボールが隣の打席に飛び込むことは一応防止されています。つまり、インパクトの瞬間にゴルフクラブが折れるのであれば、はずれたヘッドは飛球線方向に飛ぶはずなので、本事例のようなことはあまり考えられません。ところが、ドライバーのシャフトとヘッドの接点が折れるような場合、テークバックの切り返しあたりで折れたときには、おそらく高いところからヘッドが飛び出し、ネットを越え隣の打席に飛んでいくのではないでしょうか。

レントゲン検査の結果、A君は幸いにも骨には異常がなく、かすり傷で済みました。しかし、少しでもドライバーヘッドの飛ぶ方向がずれていれば、全く無防備な後頭部や背中に命中した可能性もあったわけです。もちろん、A君の検査費用はB練習場の保険でカバーされましたが、一歩間違えば、生死に関わる大事故になるところでした。

クラブ選手権へ向けて猛練習のはずが、思わぬところから折れたヘッドが飛んできて?!

飛んでくるボールやコースでの事故は、誰でもある程度用心している。でも、何事も予想外のことは起こるもの。練習場でも油断めさるな。

ショップ選びと共に設備の改善も急務

これは、3年前に私が経験した本当に怖い話です。C君はゴルフショップDがシャフトとヘッドをセットしてくれる、飛ぶと評判の特注ドライバーを購入し、初めて練習場に打ちにきていたようです。ということは、ショップDのシャフトの選定や入れ方の方に問題があった可能性があると言わざるを得ません。

プロやトップアマを中心にシャ

フトの入れ替えはよく行われており、それなりの効果は出ているようです。

　したがって町のゴルフショップでも日常的にシャフトの入れ替えが行われているらしいのですが、きちんとした技術や知識がショップにないと、とんでもない事故を招くおそれがあるのです。私の経験でも、シャフトを入れ替えたばかりの４番アイアンのヘッドが、ボールの後を追いかけて飛んだことがあります。

　長尺ドライバー全盛の時代にはシャフトの入れ替えも増えるはずなので、このような事故を防ぐには、もちろんゴルフショップの選び方が大切です。しかし、根本的には全国の練習場の打席の広さと、打席間のネットの高さ（人間の身長くらいにしないと本当に危険です）を検討する時期にきていると思います。ゴルフの腕を磨くための練習場で大けがをしてしまっては、ゴルフができなくなるどころか、命すら危険にさらすことになるからです。

【事例】

あるビッグ・トーナメント開催中次のような事件が起きました。優勝争いをしている有名Aプロゴルファーが清純派女優Bとホテルに入るところを写真週刊誌の記者Cに発見され、ことわりなく写真を撮られてしまったのです。怒ったAプロはその場でC記者を殴りつけ、カメラからフィルムを抜き取ってしまいました。

【結論】

Aプロの所属事務所とC記者の所属する雑誌社との間で一時険悪なムードがただよい、双方で告訴合戦になる様相を示しました。しかし、B女優の所属プロダクションが水面下で動き、あっという間に関係者の間で示談が成立し、事件は何もなかったかのようになりました。スキャンダル化で一番傷が深いのは清純派イメージで売り出し中の女優Cだったわけです。Aプロの女性関係の話題がとぎれないのはこういう解決が多いからでしょうか。

プロ選手にもプライバシーはある。だけどやっぱり有名人のプライベートライフは気になるもの?!

満員電車にゆられて、ついつい目がいってしまうのが、中づり広告。どこまでが本当で、どこからが嘘か不確かだけど、やっぱり気になる有名人のプライベートライフ。でもプロ選手はプライバシーを売り物にしているのではないんです。

有名人になれば必ず起こるプライバシーの問題
有名人になった経過こそが解決の決めて

芸能人やタレント、スポーツ選手を24時間追いかけている芸能マスコミに言わせると、有名人にはプライバシーはないそうです。なぜなら、彼ら有名人は自らのプライバシーも含めて売り物にすることによって、有名になっている以上、都合の悪いことだけプライバシーとして取材を拒否するのはおかしいというわけです。

確かに、あまり面白くもなく、またどうでもいいようなプライバシーに属することを大げさに記者会見して、それをまたワイドショーや週刊誌が取り上げ、しかも多くの人々がそれを見たり読んだりするのは、不可思議な現象ですよね。他方プライバシー取材を厳しく制限すると、現代社会の大事な自由の一つである「表現の自由」を制限しかねない面もあります。国民の「知る自由」にかかわる面があるからです。

プライバシーについての権利は、アメリカでは「一人で放ってもらう権利」という形で確立した権利とされています。日本でも故三島由紀夫の小説「宴のあと」裁判で「私生活をみだりに侵害されない」という権利が認められたことがあります。

そこで有名人の場合、有名になった経過や理由が決めてになるのだと思います。スポーツの実績中心で有名になったのか、キャラクターや私生活を売り物にして有名になったのかによって結論は変わりうるところでしょう。

Ａプロの場合、国内では実績については申し分のないものがあります。Ａプロはプロスポーツ選手としてはスポーツを通じて名をなしたわけで、私生活を売り物にしてきたわけではありません。仕事を離れたプライベートな場面の問題なのでＣ記者の行為はＡのプライバシーを侵害する違法行為といわれてもやむを得ません。もちろんＡプロの暴力は正当防衛が認められる範囲でしか容認されないものですが、結果的には示談が妥当な事例でした。

まだまだ起こっている

Trouble × Problem

接待ゴルフの帰り交通事故で大怪我、労災と認められるの？

事例

私はサラリーマンゴルファーです。
上司の指示で会社が休みの日曜日に
自分の車を使い、取引先の接待ゴルフを
しました。お客様を無事自宅まで送り届けての
帰り道、信号無視のトラックに衝突され、
私は大怪我をして入院中です。
加害者側への責任追及のほか
労働災害として労災保険の適用は
できませんか。
もちろん接待ゴルフの費用は会社の経費で
落とすことが認められています

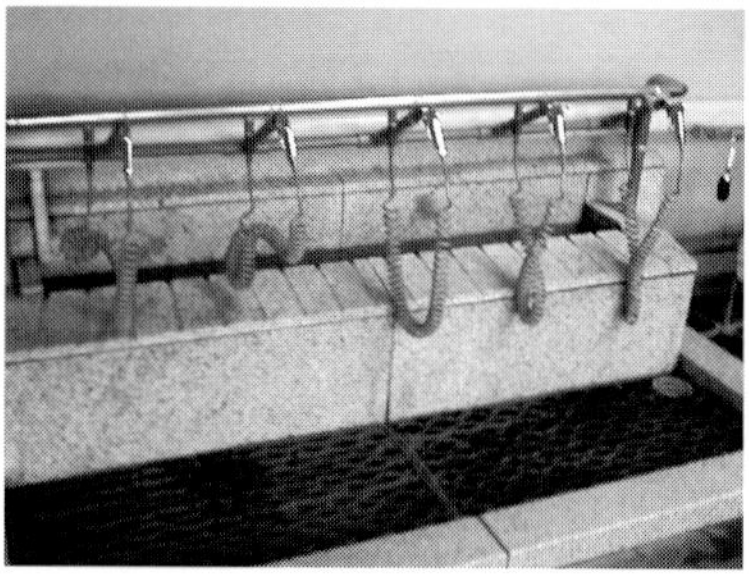

解説

理論的には労災としたいところですが、認められない判例もあります。

その災害が「業務上生じた」と認められれば、理論上労災保険を適用することは可能なはずです。ところが、取引先との親睦会主催のゴルフコンペに事業主の命令で出席する途中の交通事故による死亡について、「ゴルフコンペの出席が“事業運営上緊要”かつ事業主の“積極的特命”があるとは言えず業務災害にあたらない」と判断した判例があります。ゴルフ接待は親睦を図るもので、日当が出たり休日出勤扱いはなされないところがポイントのようですが、サラリーマンにはつらい判例です。

練習場でクラブ同士が接触。折れたクラブの弁償を、練習場側にも請求できる?

事例

先日練習場にて練習中、
ドライバーでバックスイングをし、
トップで切り返したとき、
後ろの打席の方のクラブと接触。
後ろの方のクラブが折れてしまいました。
隣接した人と接触してしまうような
打席の配置については、練習場側にも
責任があると思います。このような場合、
練習場に弁償してもらうことはできますか。

解説

打席の狭い練習場は大至急改善する必要があります!

練習中のゴルファー同士の事故であってもゴルフ場施設の欠陥が原因であると認められる場合には、土地工作物責任(民法717条)に基づいて、練習場経営者が損害賠償責任を負うことになります。ただ多くの場合は、保険でカバーされるでしょう。

打席が固定された練習場での事故で、本来予定している位置で打ったとしても隣接する打席のゴルファーにクラブがあたる可能性がある場合、練習場の責任を認めた判例があります。ご質問の練習場でも打席の位置関係によっては練習場側の責任は免れられないでしょう。「君子危うきに近寄らず」です。打席の狭い練習場には行かないことです。

宅配業者を使ってクラブを送ったら、折れていた。損害額を請求できますか？

事例

地方出張の折り、ゴルフをした時のことです。
宅配便でキャディバッグを送ったのですが、
ゴルフ場でクラブを取り出したところ、
ウッドクラブ3本が折れていたのです。
仕方がないので、その日は
レンタルクラブを借りてプレーしましたが、
スコアはさんざんでした。
クラブの代金とクラブレンタル代は、
宅配業者に請求できますか？

解説

引渡14日以内なら責任限度額内で請求できます。

宅配業者の送り状には荷物の滅失・毀損や配達遅延の場合の「責任限度額」が記載されているようです。普通は30万円です。この限度額内でクラブの修理代とレンタルクラブ代を請求することができます。注意しなくてはならないのは、荷物の引渡日から14日以内に業者に通知しないと業者の責任がなくなってしまう点です。クラブを受け取ったらすぐに安全を確認し、万一のときはすぐに宅配業者に通知しましょう。事故証明の発行も同様に引渡日から14日以内になりますので、すぐに発行してもらいましょう。事故を防ぐために、太い竹の棒を入れて縦の衝撃からクラブを守ることで自衛しているゴルファーもいます。

平成ゴルファーの事件簿

第5章 そもそも会員権って何だ？

そもそも会員権っていったい何なの？
会員権ってどんなメリットがあるの？
会員権価格が星の数なら会員権業者っていっぱいあるけど間違いのない業者選びのコツってあるのだろうか…？
そんなノウハウから
「さぁ会員権を買うぞ」というときの
手続きの仕組みと流れ、用意すべき資金の話まで
ここでは分かりやすく
「会員権」のイロハについてお教えします。

そもそも、ゴルフ会員権とは？

ゴルフ会員権とは、そのゴルフ場の会員となって、施設を優先的に利用できる権利のことです。すなわち、会員権の売買とは「権利」を売買なのです。通常、会員に対してゴルフ場から会員権証券が発行されますが、社団法人制、株主制、預託金制の３つのタイプがあります。「権利」という目に見えないものの売買ですので、一般的なモノの売買とは違って独自の慣習が存在するため、専門的な知識などがそこには必用となります。ですから、会員権業者という売買の仲介業が存在するのです。

- プレー料金が、一般ビジターよりもぐっと割安になる
- 優先枠の設定や土日祝日は会員のプレーに限定など、プレーが優先的にでき、予約も取りやすい。
- 複数人メンバーが揃わなくても、1人でもプレー予約ができる。
- 朝、プレーしたいと思い立ったら、空きがある限り1人でも即日プレーできる。

メンバーになるメリット

- オフィシャルハンデが取得できる。
- 競技志向のコース場合、研修会を通じてさらなる技術向上を目指せる。
- ゴルフ場が主催する様々なクラブ競技会に出場できる。
- 新しいゴルフ仲間が得られ、より充実したクラブライフが送れる。
- 練習場や宿泊施設などゴルフ場の付随施設の優先的利用や割引きが受けられる。

会員権業者も会員権価格もいろいろあるけど?

会員権業者とひとくちに言っても、その数は限り無くあります。また、会員権価格は、その業者によって違う場合もたびたびあります。会員権には、売りと、買い、それぞれの価格があります。会員権業者の儲けは、その買いと売りの価格差です。安く仕入れられれば、安く売りにも出せるというわけです。業者によって仕入れルートや方法が異なれば、価格が違って売りに出されるのも当たり前の事です。お目当てコースの会員権料金が少しでも安い方がお得ですが、余りにも安い場合は用心が必用です。また、安い金額は、囮広告という場合も多いので注意したほうがいいでしょう。

会員権の種類

個人正会員

いつでもそのゴルフ場の
定休日以外に、
優先的に利用できる、
個人名義の会員権です。
ゴルフ会員権の中で
最も基本的なもので、
全国のゴルフ場の75%以上が
個人正会員です。

個人平日会員
週日会員

平日だけに限定して会員の権利が
使える個人名義の会員権です。
準会員、特別平日会員
などとも言われます。
土日祝日を利用しない方にとっては、
名義書換料と年会費が
安いので得です。

法人会員

法人が名義人となる
会員権です。
記名者はその会社役員・社員が
登録されるのが一般的です。
無記名の場合は、
プレーごとに幅広く社員
またはその関係者に恩恵が
受けられて便利です。

名義変更料って何？なぜコースで違うの？

ゴルフ場によって名義変更料、名変料、書換料など、呼び方はもちろん、その金額もさまざまです。ゴルフ場が会員権の名義を書換えるために請求する手数料的なものですが、平たく言うと会員権転売時に、コースにも儲けが回るように作られた項目といっていいでしょう。金額はコース側が勝手に自分のコースの格付けをして決められますが、元来は会員権価格の10％が相場でした。その額は数十万円から数百万円と非常にコースによって格差があります。会員権の価格が低迷している今、ゴルフ場は名義書換料収入にある程度依存するような体質になっているといってもいいでしょう。会員権の価格よりも、名義変更料の方が数倍も高い、などというものはザラです。しかし、この名義変更料は、会員権料とは違って払い切り（退会時に戻ってこない）の費用となります。支出の負担度をよく吟味してコースを検討する必用があるでしょう

入会するときにかかる費用はこれだけ

会員権代金
ゴルフ会員権代金＋名義書換書類一式の代金。

取引手数料
会員権売買仲介業者に支払う手数料。一般的に会員権代金の2%が通例で、会員権代金が250万円以下の場合は一律5万円。

ただし業者によっても多少異なります。

年会費
ゴルフ場に支払うメンバー会費。その額はコースによって異なりますが、平均3万円前後。入会時点で月割りして前納します。ただし、コースにより月割り清算できない場合もあります。

名義書換料
ゴルフ場に支払う礼金的な事務手数料。退会・譲渡する時には、返ってきません。

入会預託金
ゴルフ場が、保証金として預かる金額。金利は付きません。償還問題で揺れている今、集めにくいお金です。

紹介料
入会条件で、紹介者が必要となっている場合、紹介人を立てなければなりません。その場合の費用は一般的に、紹介者が認印を押す場合の1万円から、最高で、紹介者が実印を押し印鑑証明書を添付する場合の3万円です。

名義書換代行料
名義書換の手続きを業者に依頼した時に掛かる費用。

消費税
名義書換料・取引手数料・年会費に掛かります。一方、ゴルフ会員権は、ほとんどの会員権業者が内税です。一部に、外税でやっている業者があるので注意が必用です。

どんなコースがお得で狙い目なの？

　今や、どこのゴルフ場も経営が厳しいのは同じ。とくに、バブル期崩壊よりも随分と前に出来たコースは大抵の所が預託金召還問題で青息吐息といっていいでしょう。必要以上に豪勢な雰囲気を持つコースほど、いつ万歳してもおかしくない状況です。すでに経営継続を諦めたコースも数知れません。民事再生法や会社更生法手続きを取ったコースがそれです。この2つの選択、どう違うのでしょうか。民事再生法とは、簡単に言うと、以前にあった和議法をきれいにしたもの。会社を潰さずに行う借金整理法です。原則、経営者は残れます。一方の会社更生法は、原則として経営者のすげ替え。新しい資本が入ってきて、新しい経営陣で再スタートするというわけです。

　このように一度経営悪化したコースだからといって、イコール「悪いコース」というわけではありません。逆にコースによってはお得で狙い目も十分にあり得ますから、要チェックでしょう。コース自体の評価が高いところは、必ずいいスポンサーがつきます。そういうところは買いです。まともな経営者に代わっていれば問題ありません。ただし、それは民事再生法や会社更生法を申請したコースの場合。競売にかかっているコースや破産宣告をしたコースの買い物はお勧めできません。

　交通の便もコースもよく低価格。とても面白いレイアウトのコースはお薦めです。ただし、会員数の多すぎはプレー予約もままならなくなります。コースの妥当な会員数の算出は、通常1ホール当たり正会員100人で計算します。すなわち18ホールのコースなら1800人が妥当ということ。ただしリゾート風コースならら、3000人いても大丈夫。このあたりもちゃんとチェックすると失敗はなくなるでしょう。

HOW TO

会員権の買い方 取り引きの流れ

1 ゴルフ場選び

まずはコース選び。交通アクセスを踏まえ、
コースの内容をチェックします。
練習施設の充実度も調べておいたほうがいいでしょう。
経営母体と経営状況の把握も当然、確認。

2 コース入会条件確認

コースによって異なりますが、それぞれ入会条件があるので
確認しましょう。例えば、年齢制限があったり、
他コース所有の有無、再入会不可などです。
複数紹介者の必要や、面接プレーがある場合もあります。

3 会員権業者選択

業者は関東だけでも500以上あります。
複数の業者を天秤に掛けて
依頼することはやめましょう。自分で
相場価格を上げることにもなりかねません。
先輩達に相談をして、オススメの
業者に紹介状を書いて貰うと
いいでしょう。

4 取り引き日程の打合せ

取り引き日程を決めたら、大抵は会員権業者の方が
出向いてきてくれます。現金取引（銀行振出小切手、
または銀行振込も可能）が原則となっていますが、
今の時代は大抵はローンも受け付け可能となっているようです。

5 名義書換えの手続き

業者が代行してくれます。コースによっては一次書類、二次書類と
分けて受け付ける場合もありますので、
詳しくは業者に問い合わせるといいでしょう。
すべての書類提出後、2週間～1か月でゴルフ場の承認が得られます。

6 会員登録

晴れて、念願のコースメンバーに仲間入り。
楽しいホームコースライフを
エンジョイしましょう。

私はある預託金制ゴルフ場の会員です。
最近一戸建てを建て、新居に引っ越しして1か月、
ローンの支払いがきついので
使わないゴルフ場の会員権を売ることにしました。
会員権業者に相談したところ、
会員権証書を持ってくるように言われました。
慌てて家の中を探したのですが預託金証書が
見つかりません。なくしたのは私の管理状態が
良くなかったのですが、ゴルフ場に頼んで
証書を再発行してもらうことはできるのでしょうか。

会員権の証書をなくしてしまったら？

証書の再発行が認められた判決もあるので、交渉してみる価値はありあます。

手形や株券といった有価証券の紛失や盗難であれば、裁判所で除権判決をとって、紛失した有価証券を無効にしてもらうことができます。ところが残念ながら裁判所はゴルフ会員権の除権判決を認めていません。

会則に会員権を再発行できる旨の規定がある場合はいいのですが、再発行すると会員権の二重売買などの危険があるため、ゴルフ場側は再発行には慎重のようです。しかし、それでは会員権の売却も難しく、会員の権利が阻害されることになりかねません。最近では会員権証書再発行請求を認めた判決もありますので、ゴルフ場に再発行の申し入れを交渉してみて下さい。その場合二重売買がありえないことを保証する必要があります。

会員権にまつわる素朴な疑問

Question

Q × A

Answer

Q

ゴルフ会員権を購入しようと思ったら、
会員権業者から最近は預託金返還請求権
のない「プレー会員権」なるものがあると
聞きました。金額もあまり高くなく、
よく売れているようなのです。
私も「返す」と会則に書いてあっても
返ってこない預託金より、
すっきりする気がします。
普通の預託金制の会員権とプレー会員権は
どこが違うのでしょうか。

普通の会員権とプレー会員権どこが違うのでしょうか

A

入会金を支払えば通常会員と同様のプレー権が得られる会員権です。

ゴルフ場によって「プレー会員権」システム導入の背景が違うようですが、入会金のみの支払いでプレーができる会員権が最近出てきているようです。

会員権相場の低迷と預託金への不信から生まれてきたプレー会員権ですが、会員権の最も大切な部分であるプレー権については通常の会員権と全く変わりありません。

預託金制との大きな違いは、相場低迷の場合、預託金返還パニックの発生のおそれがないことでしょう。

預託金返還問題の発生しないゴルフ場のイメージも良いので、今後も増えそうなプレー会員権ですが、譲渡の相場がついてくればたいへん面白いことになってくるでしょう。

Question

Answer

会員権にまつわる素朴な疑問

私はあるゴルフ場の会員権を持っています。
会則に会員数の上限(1,000)が決めてあり、
会員数が少ないので予約が取りやすいのと、
格調高い雰囲気が気に入っています。
ところが最近ゴルフ場側が会則を改正して
会員権の分割を始めました。
プレー権の確保が難しくなるなど、
会員権の希少性が少なくなることは、
会則への違反になると思うのですが…

一方的な会則の改正による会員権の分割はおかしい!

非同意者の会員権分割、著しい会則改正以外は、約束違反になりません。

最近の経済状況を反映したのか、ゴルフ場の会則を改正し会員数を1,800名に変更したとしても、その度合いが著しいわけでないということで裁判所は会員の訴えを退けました。分割に同意していない会員の会員権まで分割するなら問題ですが、同意したものについてのみ実施しているのであれば、分割手続きの提案が直ちに約束違反にはならないということのようです。

でも、会員権の少ないゴルフ場でプレーする権利というのも立派な会員の権利です。あくまでも経済情勢やゴルフ場の格式とのバランスの問題です。いくら景気が悪くても、高額ゴルフ場で1,000名限定の会員数を3倍以上に改定することは約束違反になるでしょう。

NPOって何？

Q

バブル期リゾートブームに乗って、
私の県にも豪華なゴルフ場やスキー場がたくさん出来ました。
最近長引く不況のせいか、
事業会社の経営はゆきづまり、
これらの施設も閑古鳥が鳴き、
荒れ果てています。
確か蔵王地区のスキー場では自治体と市民がNPO法人組織で営業を始めたと聞きますが、NPOとは何でしょう？

A

NPO法人とは、いわゆる民間のボランティア組織を平成10年3月制定の「特定非営利活動促進法」によって法人化したものです。これまで私的な団体について法務局で登記を受け付ける条件が厳しく、クラス会やボランティア団体などは登記できませんでした。日本でも阪神大震災以降ボランティア活動の高まりを受け、これらの団体を法人化し、民間の活動を援助することにしました。21世紀はボランティア活動の時代といわれています。利益のみを追求する営利活動の限界は明らかなので、私は破綻ゴルフ場やスキー場の再生にNPO法人の活用を提案しています。破綻ゴルフ場の会員も、環境問題や村おこし(地域振興)に関連させて、NPOを利用できます。

私のゴルフ場の会員権相場は、
額面割れしてます。最近ゴルフ場から、
会員権を「永久債」化したいので
協力して欲しいという通知が来ました。
「永久債」というのは聞いたことが
ないのですが、どういうものでしょうか。
私はゴルフ場が好きなので
退会する気はないのですが、
友人達はお金が戻らないと言ってます。

永久債って何?

預託金をゴルフ場がある限り、預け放しにする制度を指します。

ゴルフ場を作るには、今でも100億円以上の資金が必要でしょう。でも、トラブル含みのゴルフ場はタダみたいな金額で売買されており、こうしたゴルフ場の会員権は大幅に額面割れしているのが現状です。

ところでゴルフ場は会員権を持つ人々に対し、半永久的にプレーする権利を与える重い義務を負っています。他方、会員側は、好景気で会員権相場が額面を大幅に上回る時に、これを簡単に売ることができます。このことから、会員権の額面割れと投機目的の購入を防ぐには、ゴルフ場が存続する限り預託金を預け放しにする形の方が健全で実態に合うのではないか、との考えも出てきました。これが永久債です。相場に左右されないシステムなので、預託金問題の抜本的解決になるものと期待されています。

共通会員権とは

私の入会しているゴルフ場(18ホール)グループが民事再生申立をしました。預託金の返還はほとんどありませんが、有力なスポンサーが付いて再建できたので、ひと安心です。ところが私たちのゴルフ場は、共通会員制のゴルフ場のひとつになってしまいました。グループが所有する5つのゴルフ場でプレーできるのですが、人気コースに会員が集中しそうで心配です。

複数のゴルフ場をメンバーとしてプレーできる会員権のことです。

本来はひとつのゴルフ場のクラブライフを楽しむのがゴルファーの理想でしょう。ところが1つのゴルフ場でおよそ2,000人もの会員を集める我が国のゴルフ場は休眠会員がいることを前提に成り立っているようです。また、会員には、1つのゴルフ場にこだわらず、リゾートクラブ感覚で複数のゴルフ場をメンバーとしてプレーしたいという希望もあるようです。そこに共通会員制ゴルフ場が生まれる余地があります。当初はメンバーが増える傾向があるためか、評判が良くなかったのですが、「所有から利用へ」という最近の時代の流れからすると、これからはひとつのゴルフ場のあり方として注目すべきではないでしょうか。本件では、民事再生の手続きの結果ですので、法的には違法とは言えないでしょう。

Q

私が会員権を持っているゴルフ場は名簿をきちんと発行しているせいか、私たち会員宛に会員権業者からのダイレクトメールや電話がよく来ます。その中には私たちのゴルフ会員権は、早く処分しないと民事再生になって価値がなくなるから今のうちに売らないか、などという脅しまがいの勧誘もあります。こんな誘いにのっていいのでしょうか

頻繁に届く会員権売却の誘いに心が揺れています

A

違法に会員権償還をビジネスとしている業者もいるので注意が必要です。

彼らの一部には、地下世界の人たちやヤミ金融業者と組んで、全国のゴルフ場をターゲットに償還ビジネスを始めているとの情報があります。つまり暴落している会員権を底値で買いたたき、額面金額の支払いをゴルフ場に求めるわけです。最高裁でもこのようなビジネスの違法性が問題とされ、彼らの行為が「社会的経済的に正当な業務の範囲内の行為であるかどうか判断する必要がある」と判断されました。つまり、このようなビジネスも社会的妥当性のないものは刑事罰を含む違法性があるということで、一定の制限があるということなのです。

少なくともゴルフ場や会員を食い物にしたり、暴力団等の資金源となるようなやり方は絶対に許されません。ヘンな勧誘には気をつけましょう。

会員権にまつわる素朴な疑問

Question

Q × A

Answer

Q

先日行ったゴルフ場は、距離の長いチャンピオンコースという評判で、料金も高い方です。ところがメンバー同伴でないと、バックティを使わせてくれません。その日は4人のハンデを足して40のパーティで行ったのですが、コンペが入っていたせいか、実質6,000ヤードくらいしかないレギュラーティから打たされ、ストレスがたまりました。プレーヤーには、ティを選択する権利はないのでしょうか。

バックティを使用できず、納得がいきません

A

ゴルフ場を商品としてだけ見た場合、高い料金を支払う以上プレーヤーがティの選択もできると言えるでしょう。また、ゴルフ場のレイアウトはバックティから始まるように設計されています。レディスティに近いレギュラーティからのプレーは、まるで映画を途中から見るようだとも評されます。

通常はプレーする4人のハンデ合計を申請して、バックティを使うことが多いのですが、その際スムーズなプレーの進行が大前提となります。もちろんドレスコードと同じく、それぞれのゴルフ場で基準が異なりますから、一律に、メンバー同伴以外はバックティ使用不可とするもの一つのポリシーでしょう。法的には違法ではありませんが、ゴルフの本来のあり方とは違うと私は思います。

Question

Q × A

Answer

会員権にまつわる素朴な疑問

Q

私はゴルフが大好きな主婦です。今般ゴルフクラブに入会しようと思い、自宅から近い伝統あるゴルフクラブの会員権を探しました。ところが会員権業者によると、このクラブはお風呂など施設が十分でないためか、女性の会員権は女性にしか譲渡できないとのことです。さらに、女性会員権は50%以上の割高だというのです。こんなことが許されるのでしょうか。

女性の会員権だけが割高なのは許せません

A

女性ゴルファーを軽視するような慣行はなくすべきでしょう。

これほどゴルフが大衆化し女性にも広まった以上、男女の会員権相場に大きな差が出るのは望ましくありません。

古いゴルフ場は男性中心のクラブハウスとなっており、女性用の浴室やトイレのキャパシティが著しく劣っているようです。そのため女性会員が増加すると支障があるとして、会員権は女性から女性にしか譲渡を認めていないとの慣行がありました。男女差別も合理的なものは許される、というのが憲法14条の解釈とされています。しかし、名門コースが会員の利用だけで採算がとれるなら別ですが、日本では名門といえどもビジターからの収入が必要なのです。これからの時代、このような慣行はなくすべきでしょうし、女性ゴルファーを軽視するようなゴルフ場は生き残れないでしょう。

キャディ付きプレーを断りたいのですが…

Q

ゴルフを初めて5年が経ち、月1回のラウンドでも
80台のスコアが出るようになりました。
最近あるゴルフクラブに入会しましたが、
このクラブは全組キャディ付きでないと
プレーさせてくれません。
私はグリーン傾斜や芝目はもちろん、
風向きや距離も自分で判断したいので、
キャディさんはいりません。
法的には、セルフプレーを要求できないでしょうか。

A

世の中なんでもありに近い昨今ですから、景気やニーズの変化によってゴルフコース側の裁量は広くなっていると思います。

貴君のようなアスリート志向のゴルファーにとって、ただクラブを運ぶだけのキャディさんは不必要で余計なコストの部分と考えられるのかもしれません。でも、ゴルフ場は貴君のようなゴルファーだけを相手にしているわけではありません。

貴君のゴルフクラブ入会時の条件として、セルフでプレーができるということが明確であったのなら、その要望は法的根拠をもちます。

しかし、そうでないのならばゴルフコース側の、キャディ付きでのプレーという方針に反対することは難しいでしょう。

Question

会員権にまつわる素朴な疑問

Answer

会員権も安くなり底を打ったとの話もあるので、
ゴルフ会員権を買おうと思って
相場を調べました。すると同じような
良い立地や良い設計のコースでも、
最近値上がりしているコースと
そうでもないものがあるようです。
値上がりしているのは
いわゆる名門の株主制が多いようですが、
どうして同じようなコースなのに
差が出るのでしょう。

会員権の相場

預託金パニックのない株主会員制ゴルフ場に人気が集まっています

バブル経済崩壊と５万人以上会員を集めた茨城カントリークラブ破産以降、ゴルフ会員権の相場が下がり続けたことはご存じの通りです。株式相場も下がりましたので、本来預託金問題のない株主会員制ゴルフ場の会員権相場まで、連れ安になってしまったのです。名門の株主会員制ゴルフ場に割安感が出てきたため、景気の底入れ感が出た最近、預託金問題のないこれらの名門コース会員権が見直されてきたのでしょう。確かに法的リスクという観点からみると、いわゆる預託金パニックの全く発生する余地のない株主会員制ゴルフ場は、相対的に安全とは言えそうです。でも相場のことは相場にきくしかないというのも真実です。

中間法人って何？

Q

最近新聞記事で読んだのですが、
ゴルフクラブを中間法人化して
ゴルフ場の経営を立て直すような
話しがあります。
私のホームコースでも、
クラブライフを取り戻すために
クラブの法人化を検討しているようです。
中間法人化すると会員にメリットはありますか。
NPOとはどう違うのですか。

A

クラブライフ復活のチャンスです。

1998年のNPO法に続き、2002年4月、公益性も営利性もない私的団体も法人化できる中間法人が、スタートしました。NPO法人はパブリックな団体に向いてましたが、21世紀の民間の多様な活動をサポートするには、クラス会などのようなプライベートな団体にも活動しやすい環境を作る必要があるわけです。そして、なんとその適用第1号は兵庫県のゴルフ場会員の作った団体でした。
現在多くのゴルフ場は預託金問題で元気がなく、会員のクラブライフも確立していません。今こそ会員がまとまってゴルフ場を再建し、クラブライフを取り戻すチャンスだと思います。そのための受け皿として中間法人は使えます。入会者は社員となり、社員総員で会員の総意を表明することができるのです。

Question

Q × A

Answer

会員権にまつわる素朴な疑問

先日ある会員制ゴルフ場へ行きました。
南国沖縄ということで、まだ暑かったので
短パンに短いソックスでプレーしようとしたら、
ドレスコードに反するので
プレーさせないと言われました。
やむを得ずハイソックスをショップで買い、
不本意なファッションでプレーしましたが、
法的に服装の強制は許されるのですか。

Q

せっかくの短パンに暑苦しいハイソックスはイヤ！

A

ドレスコードは時代に合わせたものに変えましょう。

おそらく英国・米国の名門クラブにならったつもりのドレスコードだったのでしょう。ところがいつの間にかハイソックスを履いていたのはファッションに関心のない日本人のおじさんだけだった、というのが現状です。確かに欧米の名門コースでハイソックス姿を見たことはありません。

ゴルフ場は会員制のプライベートなものが多いので、ドレスコードを決め、これに従わない人の入場を断ることは、法的には自由でしょう。ただ、ゴルフ場というものが、ビジター収入に依存する面があり、地域社会の中で存立が許される社会的存在である以上、時代の流れを反映したドレスコードが必要でしょう。Gパン・Tシャツだけは勘弁して欲しいというのが現状でしょうか。

会員権にまつわる素朴な疑問

Question Q × A Answer

会員の相互乗り入れ

Q

私は千葉県に単身赴任しています。

私の入会しているAゴルフ場（兵庫県）から最近通知が来ました。

今般千葉県のBゴルフ場と提携して相互に会員に準じた扱いをするというのです。

私は、千葉でプレーできることになるので嬉しいのですが、相手のBゴルフ場の会員の立場になってみると、少しおかしい気がします。

法的に問題はありますか。

A

時代の変化に応じたゴルフ場の活性策として適切な対応でしょう。

バブル時代に安易にこんなことをすると、とんでもないと非難されたものです。しかし、会員のプレーする回数や割合が減り、その結果ゴルフ場の稼働率や収益率が下がれば、万一のことが心配です。時代の変化に応じて適切な収益対策あるいはゴルフ場の活性化が必要でしょう。

一方で、もちろんのことですが、そのゴルフ場の会員が持つプレー権の侵害はできませんので、自ずと限界は設けられるべきだとは思います。例えば期間を定めた特例とするなどが考えられます。ただ、いずれにしても会員の全国分布状況など、ニーズに応じて、適切な業務提携等は必要になっていると思います。

Question

Q × A

Answer

会員権にまつわる素朴な疑問

先日新聞に、カートでのセルフプレー中に
ケガをしたゴルファーが、ゴルフ場に
勝訴した事件の判決が出ていました。
カートの運行をゴルファーに任せておいて、
突然物陰からカートが出てくる設計が
危険との理由で、ゴルフ場が
責任を負うの分かります。
でも2割の過失相殺をしたとあるのは
どういう意味でしょう。

2割の過失相殺とはどういう意味ですか?

被害者の落ち度も考慮して、2割の過失を認定したものです

過失相殺というのは、公平の観点から被害者の落度を考慮する制度で、たとえば交通事故の処理などでよく使われます。交差点での出会い頭の交通事故の場合、一方が100%の過失というのは珍しいと言われています。お互いに相手が見えているような場合、被害者側もよく注意していれば事故は避けられというわけでしょう。100対0は稀で、被害者側にも10～20%の過失割合を認めることが多いようです。

今回の事件では、原告が過去に何度もこのゴルフ場でプレーしていたことから、20%の過失を認定したようです。リストラの切り札としてゴルフ場にセルフカートが導入されていますが、安全対策のリストラだけは困りものです。

預託金問題の相談室に駆け込むべきか悩んでいます

Q

会員権業者から会員権買取のダイレクトメールがよく来ます。インターネットでも「返還問題などでお悩みの方、ぜひ当社へご相談下さい」という広告をよく見かけます。こういう業者の誘いに乗って良いものでしょうか。友人は金融業者から「小遣いあげるから名前を使わせて欲しい」とまで言われています。

A

悪徳ビジネスに巻き込まれないよう関わらないのが賢明です。

関西方面において、ブローカーや一部の弁護士と組んだ金融業者が、第三者の名前を借りて、大がかりな償還ビジネスをやっていることが、昨年報道されました。高額の預託金を預かりながら、お金を返せないとは言いにくいゴルフ場を狙ったこのビジネスは、あるゴルフ場の弁護士による調査で発覚しました。大阪の裁判所で生活保護者を原告に立てて、数千万円規模の裁判をたくさん起こしていたことが判明したのです。

それがきっかけとなって、黒幕の金融業者の存在が明らかとなりました。裁判所は、そのようなビジネスは、社会的・経済的に正当とは言えないとして、弁護士法違反(これには刑事罰もあります)と断定したのです。ですから、このようなビジネスには巻き込まれないのが賢明です。

「あっ」というときのための弁護士救急マニュアル

結構知らない弁護士の世界。備えあれば憂いなし。

第6章

「弁護士のお世話になることなんて、一生に一度あるかどうかでしょ」。「何だかこっちが悪いことをしたら出てくる怖い人ってイメージ」。

そうお考えの方も、きっと多いことでしょう。日本では余りにも「弁護士」は一般家庭に浸透していません。でも欧米では、依頼人の人権を守る法のサービス業として自然に生活に溶け込んで存在しています。もっと気軽に広く弁護士を活用するための「How to」をお教えします。

弁護士選びは重要ポイント 信頼関係が築ける人を!!

まず、もっとも重要なのが弁護士選び。誰でも同じだから…では、けっしてないのである。訴訟事件ともなれば、数年単位でその弁護士と付き合う覚悟がいる。お互いの信頼関係の成立は、絶対必須だ。それだけに、気が合う、ウマが合うという弁護士を選ぶべきなのである。

腕はいいのだけれど、人間的には最低。そんなふうに感じたならば、その弁護士は絶対にやめた方がいい。腕も良くて、性格も人間性も抜群。しかも自分と相性がいい。そんな弁護士が理想なのである。

だから初対面でどう相手を見抜くか、が大切。弁護士とは、所詮、客商売のサービス業。困っている人を助ける職業の一つ。しかし、ごく一部の病院や警察などと同じで、その困っている顧客に対して、見下した物言いで威張り散らす者も少なくないから要注意。親や教師が子供を愉すような話し方、言葉遣い、態度をとる弁護士ならば、それはとてつもない勘違いをしているということだ。

弁護士のこんなところを初対面でチェックしよう!!

1 服装

崩れ過ぎていないか、派手過ぎていないか、不潔ではないか。望ましいのは、白い清潔なワイシャツにネクタイのスーツ姿と言われているが、カジュアルなスタイルで、フレンドリーさを売りにする弁護士も最近増えている。頼む事件にもよるかもしれない。しかし、ひと目で高級ブランド品と判るモノで身を飾り、貴金属をジャラジャラ付けているのは、お勧めしない。

2 髪形

身だしなみは清潔感があるかをチェック。いくら弁護士業務が忙しくても、髪がボサボサでフケだらけでは失格。流行とファッションに気を取られているような弁護士もNOとは言わないが、法廷などでの駆け引きや、裁判官への心証を考えると、けっして有利には働かない要素であると言われてきたのも事実。、アメリカではともかく日本ではどうか?

3 人柄

人の話を、目を見ながら親身に聞いてくれるか。平気で人を待たせておく無神経さはないか。時間にルーズではないか。強引に話を進めようとしないか。投げやりな姿勢はないか。横柄な態度はとっていないか。言葉遣いは常識あるか。怒りっぽくないか。

4 事務所

事務所の中が乱雑過ぎたり、汚すぎたりでは、あまりお勧めできない。また、秘書の対応が横柄だったり崩れていたりしていたら、それはボスである弁護士も、それに似たような中身だということ。最初にかけた電話の対応でも、その辺は知ることができるだろう。

「悪徳」と名の付く弁護士を選ばないためにじっくり検討

弁護士といえども、いろんなタイプの人間がいる。依頼者のことを心から親身に思って、一生懸命に動いてくれる「いい弁護士」もたくさんいる。が、ごく一部（と、私は思いたいが…）の弁護士の中に、いわゆる「悪徳」と頭に付く者がいるようである。多重債務者を食い物にしたり、依頼人から預かったお金を横領するなど、法に触れてまでして自分の利益（金）を追求しようという輩である。こういった悪徳弁護士の一部は、ときどき事件が明るみに出て、新聞を賑わす結果になる。

しかし、法にはギリギリ触れていないものの、人道に劣る不真面目な弁護士もいるようである。実は加害者側との癒着で二重に報酬を受け取っていた、などという呆れた話のほか、弁護士が判決文をでっちあげたり、加害者側の弁護士と裏取り引きしたりと、人間失格の外道も少なくない。一生懸命、依頼人のために汗を流している善良弁護士には、たまったものじゃない行いだ。ほんの一握りの不良弁護士のお陰で、弁護士全体のイメージを引き下げられているのである。

法律事務所を何軒か訪れてみる、という行為はけっしてタブーではない。労力のかかることだが、最良の弁護士を求めて事務所を尋ね歩くというのは、害を被った張本人である依頼人にとっては当然のことだろう。ただし、同時に複数の弁護士を天秤にかけて依頼するのは、絶対に止めるべき。経費が人数分かかってもったいないし、天秤にかけられた弁護士たちも気分を損ね、いい仕事をしてくれなくなる場合も生じかねないのだ。

いい弁護士は最初からここが違う

- 依頼人の話を丁寧に聞いてくれる
- 依頼人が話しきれなかった部分を的確に質問する
- 言葉遣いが丁寧でやさしく、物腰が柔らかい
- 解決策を複数パターンで数多く提示する
- 時間と費用を分かりやすく事前説明する
- 実際に仕事を依頼した場合、経過報告・状況連絡を細かにする

弁護士のこんな臭いに要注意

- 相手の話を聞くよりも、自分が話したがり屋
- 誘導尋問的な話し方が多く、話を決めつける
- 専門用語をやたらと使いたがり、曖昧な物言いが多い
- 広告宣伝の売名行動に積極的で、自慢話が多い
- やけに依頼者に迎合するような対応をする
- 変に愛想が良すぎて、馴れ馴れしい
- お金にルーズ
- 事務所の調度品・備品が必用以上に派手でバブリー
- 処理経過の報告が全然ない
- 事務所所在地は裁判所から遠く、繁華街にある

弁護士に相談したいとき、さあ、どうやって相手を探す？

弁護士選びで一番多いのが「口コミ・知人の紹介」。ほぼ8割がそう。しかし、いい人を紹介してくれる知人などがいない場合は、NTTの職業別電話帳・タウンページが便利。また、インターネットのホームページを検索するというのもいいだろう。弁護士も、自分をアピールするために、さまざまな広告を載せている。それをみて、自分の抱えている分野に得意そうな人を探すといい。広告の中には、あらゆる事件の分野を羅列して載せ、「何でもOK。手広くやれます」とスーパーマーケットのようなアピールをする弁護士事務所もある。しかし、これからは、ある分野だけはスペシャリストですよ、という専門家弁護士を探した方がGOODといえるだろう。

もっと詳細に調べたいという人には、法律新聞社から出ている「全国弁護士大観」というのがある。これには日弁連に登録されている全国弁護士のすべてのデータが、顔写真入りで載っている。ただインターネットにしろ、弁護士大観にしろ、本人の発信するデータが出ているだけである。必ずしも客観性はないと思った方が良い。最終的には、口コミに頼るしかないことも多い。複数の人達が口を揃えて推薦する弁護士はまず良い方だろう。ただし数十年のキャリアを持つベテラン弁護士でも、今までまったく手掛けたことのない特殊な領域ともなると、新米弁護士と何ら変わらなくなるから、まず、得意分野でリサーチしていく必要があるだろう。

医者は専門科目を明確に表示している。しかし、弁護士はそうではない。弁護士の取り扱う事件は、大別して「一般領域」と「専門領域」がある。この専門領域の相談の場合は、やはりその道のスペシャリストに頼むのが重要なのである。餅は餅屋、馬は馬方、すべてはその専門家に任せた方が失敗はない。

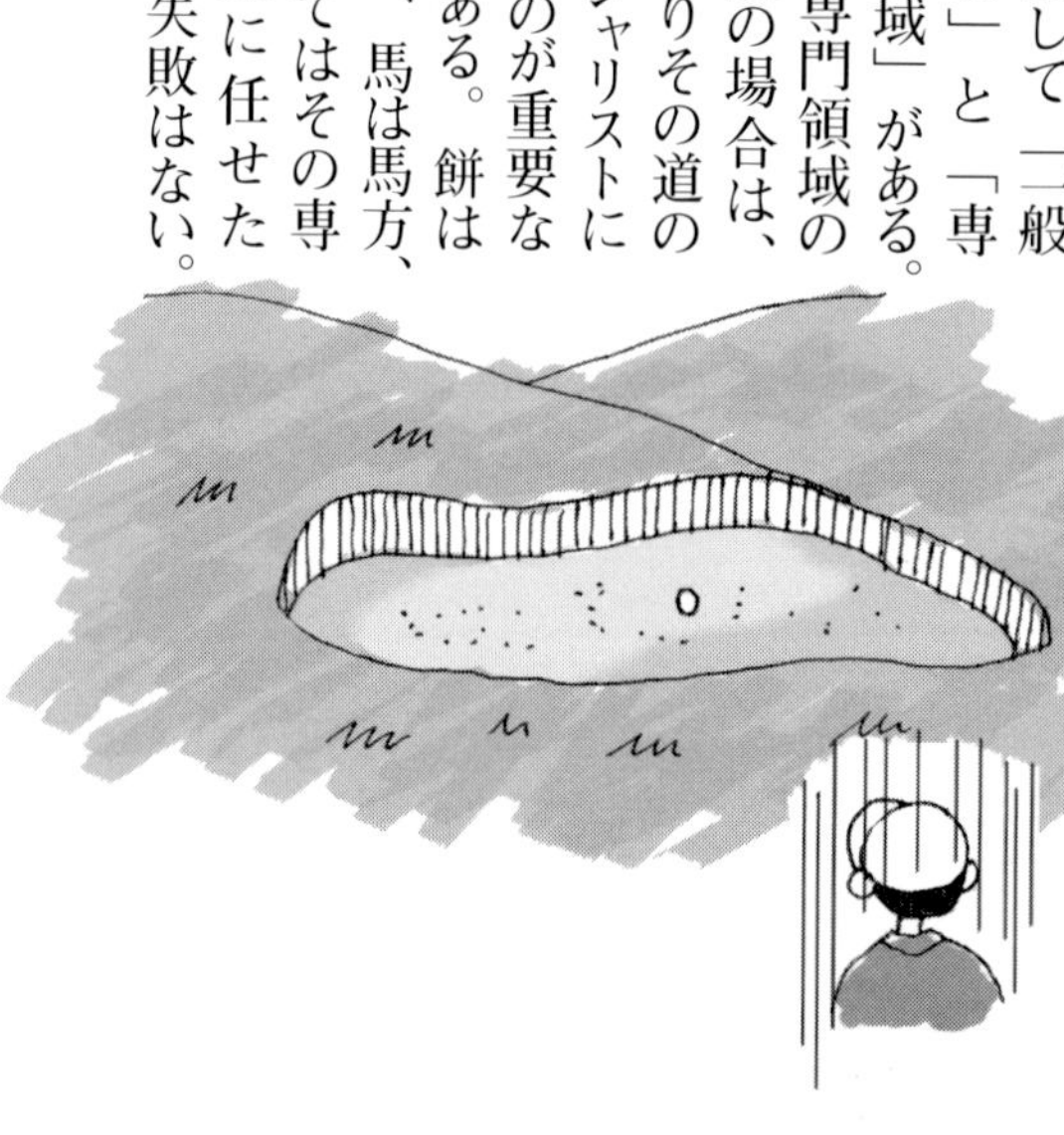

弁護士が取り扱う領域の
[一般]と[専門]

一般領域

不動産取引・商品の売買やお金の貸し借りといった商取引、離婚・相続などの家庭事件、犯罪者を弁護する刑事弁護、など。これらは、法律実務家になるための一般的な基礎知識として、司法研修所で教えられる。

民事事件

- 金銭貸借
- 不動産の売買請負
- 土地の境界確定
- 借地借家
- 交通事故

家事事件

- 離婚
- 相続

商事事件

- 商取引
- 会社法関係
- 手形・小切手

刑事事件

専門領域

ゴルフ場問題、国際法務、知的財産権など。これら領域は、司法研修所でほとんど教えられない。せいぜい研修中に、ごく一部の事件を見聞きする程度。これら領域に強くなるめには、実際にその種の事件を数多く担当し、文献や判例を研究したり、業界の人と交流して研鑽を積んでいくしかない。

- ゴルフ場問題
  (償還問題、民事再生・破産・
  倒産問題、会員救済問題など)
- 環境問題
- 医療過誤
- 製造物責任
- 倒産法
- 特許・商標・意匠、著作権
  などの知的財産権
- 労働問題
- 消費者問題
- 情報公開
- 国際取引
- M&A(企業買収)
- 税務訴訟
- 独禁法

弁護士費用は多大…は誤解
小額の賠償訴訟なら低費用

では、弁護士の費用とはどんな項目のものがあって、それぞれどれほどかかるのか説明しよう。

わが国の弁護士費用は、通常、「着手金」と「報酬金」の2段階に分かれている。いずれも、依頼人の「経済的利益」を基準に算定されてきた。交通事故や医療過誤で損害賠償金を請求する場合には、その請求額が「着手金」算定基準となる。一方、実際に獲得した賠償金額が、報酬金の算定基準。例えば、5000万円の賠償請求を起こして、裁判の結果50万円しか得られなかったとする。その場合の支払は、今までの報酬規定では、約235万円（219万＋16万）。依頼者にとっては多大な赤字である。結果的に敗訴して1円も取れなかった場合でも、多額の着手金は支払わなくてはいけないわけである。

また、弁護士に法律的な相談をするにも費用はかかる。一応、日弁連では、初回は30分5000～1万円、2回目以降は30分5000～2万5000円と定めている。ただし特殊分野の専門家弁護士ともなれば、料金設定は少し高め。特殊なスペシャリストなのだから、それは割り切る必要があるだろう。

なお、事案が複雑だったり時間や労力が普通以上にかかる場合には、弁護士費用は当然かさむ。裁判所への調停申し立て・訴訟提起などをすれば、そこにも費用は別途計上される。

なお、弁護士費用の目安を下の表であらわした。しかし、現在、弁護士増員に伴い、報酬規定の撤廃を含めシステムの再検討がなされていることもつけ加えておこう。

弁護士費用の目安

経済的利益額	50万	500万	1000万	3000万	5000万	1億
着手金	10万	34万	59万	159万	219万	369万
報酬金	16万	68万	118万	318万	438万	738万

※単位は円

弁護士はこれから増える!!
より依頼者が選べる時代へ

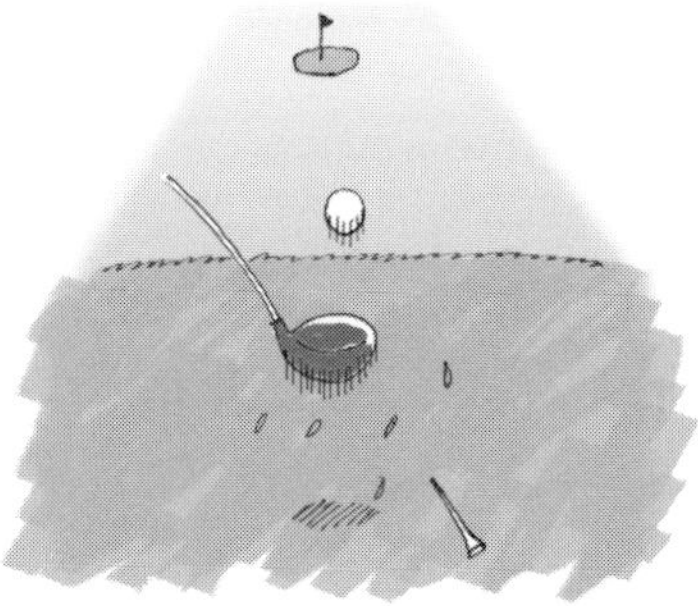

個人と弁護士の間で顧問契約を結ぶ、すなわちホームロイヤー契約は、まだまだ日本では浸透しにくい世界。でもホームロイヤーは、日常生活の些細なことを何でも相談できる非常に便利な保険。いわば、掛かり付けの医者、ゴルフのティーチングプロ兼トレーナー、帯同キャディみたいなもの。費用もけっして高くない。トラブルになる前に、早めに弁護士に相談を。これは大切なことである。

ほんの10年も前までは、弁護士の数も今ほど多くなく、まさに売り手市場。「専門家に任せておけばいい」と、詳しい説明もせず椅子にふんぞり返って客あしらい。弁護士はサービス精神のかけらもなかった。でも、これからは、客が弁護士を選ぶ時代となってくる。

２００２年11月13日に発表された、平成14年度司法試験の最終合格者は１１８３名。出願者数４万５６２２人に対しての合格率は僅かに２．５９％。実に狭き門だ。しかし、９９０人という前年実績に比べると、合格数は格段に進歩。それもそのはず。実は、司法制度改革審議会意見にて「２００２年の司法試験最終合格者を１２００人程度にするなど、現行司法試験合格者数増加へ直ぐ着手すること」が提言されたのだ。

最高裁、法務省、日弁連の法曹三者は、司法試験の合格者を年３０００人にまで増やそうとしていることは事実。また、合格後の司法研修期間は、すでに昔の２年間から１年半に短縮されている。弁護士の数を増やし、競争原理の導入を図っているのだ。駅前にデーンとあるその街で唯一の食堂が大抵、味もサービスも納得いかないのと同じ。しかし、競合相手ができれば、もっとお客へのサービスを心掛けた姿勢になるはず。より良い上質なサービスを、より安心価格で受けられるという日が来るのも、そんなに遠くはないかもしれない。

あとがき

三九歳の時（一九八七年）
バブル経済とともに始めてしまったゴルフが、
会員権ではろくなことはなかったけれど、
人づきあいも話もうまくない私を
新しい世界に導いてくれた。

弁護士は自由業だから
人づきあいもしなくてよいと思って、
この世界に入ったのは大きなまちがい。
司法界も厳しい「営業」の世界なのだった。

もともと卓球・テニスで
ボールを扱うことはなれていたはずであった。
しかし、毎回コースや天候が変わる
自然の中でのプレーにのめり込む程、
下世話な法律とはかけ離れてゆくはずが、
気づけば、やれ預託金だ、
やれ打ち込みでケガをしたなど
ゴルフにまつわる法的事件の
解説をしている自分に気づいてしまう
今日この頃である。

今、日本のゴルフ場は元気がない。
でもこれは新しい時代の
始まりだからかもしれない。
スコットランドからアメリカ合衆国
そして世界へ広まったゴルフは、
日本では預託金という
不思議なシステムを生み出すことにより、
イビツな形で発展をした。
お隣の韓国では、この日本のやり方を見て
強力にゴルフ事業をコントロールした結果、
日本の千葉県よりゴルフ場が少ないとのこと。
こんなことも頭の隅に置きながら
読み飛ばしてもらえばいいと思い、
この本を出版することにした。
近頃の「司法改革」の流れに合わせ、
弁護士の頼み方などにも少しばかりふれてみた。

事件に巻き込まれることなく、
わくわくするような楽しいゴルフを！

著者プロフィール

西村國彦（にしむら・くにひこ）

1947（昭和22）年生まれ。
1972（昭和47）年東京大学法学部卒業。
1976年（昭和51）年弁護士登録。
さくら共同法律事務所シニアパートナー。
会員のプレー権とゴルフ場再生のために
法的紛争処理にあたる。
著書に『21世紀に向けたゴルフ場再生への
提言——会員とゴルフ場を守るために』
（八潮出版社・1999年）、
『賢いゴルフ場　賢いゴルファーのための
法戦略——ゴルフ場再生の切り札』
（現代人文社・2003年）がある。

平成ゴルファーの事件簿

2003年7月24日　第1版第1刷発行

著　者 西村國彦
発行人 成澤壽信
発行所 株式会社現代人文社
〒160-0016　東京都新宿区信濃町20　佐藤ビル201
電話・03-5379-0307（代表）　FAX・03-5379-5388
Eメール・daihyo@genjin.jp（代表）
hanbai@genjin.jp（販売）
Web・www.genjin.jp
振替・00130-3-52366
発売所 株式会社大学図書
印刷所 株式会社シナノ
編集・構成 ビークエスト有限会社
表紙・本文イラスト 新田慎吾
本文イラスト 瀧澤綾子
装丁 植月　誠
デザイン 高橋尚子、
（有）シャックグラフィック（神尾千賀子、大迫美樹）

検印省略　PRINTED IN JAPAN
ISBN4-87798-171-3　C2075